James Watts

Stonehenge/Steelhenge
Band1

James Watts

Stonehenge/Steelhenge

Band 1

Rediroma-Verlag

Bibliografische Information der Deutschen Nationalbibliothek:
Die Deutsche Nationalbibliothek verzeichnet diese Publikation in der Deutschen Nationalbibliografie; detaillierte bibliografische Daten sind im Internet über http://portal.dnb.de abrufbar.

ISBN 978-3-96103-968-5

www.rediroma-verlag.de
25,95 Euro (D)

Inhalt

Vorwort

Über Stonehenge wurden bereits mehrere Bücher geschrieben, nur fand ich keines, welches der Sache auf den Grund ging. Was uns bisher vor Ort erklärt wurde, widerspricht all dem, was zum einen im Internet steht sowie auch in Enzyklopädien vorzufinden ist. Der Haken an der Sache ist, wenn ich ein Trümmerfeld aus Edelstahl und Beton vor mir habe und niemand, in zwei Weltkriegen, auf diese Stelle, jemals eine Bombe abgeworfen hat, dann stellt sich von allein die Frage: Wer hat dazu beigetragen, dass hier nur noch ein Bruchteil von dem vorhanden ist, was vormals an außerirdischer Kultur zur Besiedelung eines Planeten wie der Erde an diesem Ort stand? Sie können Theorien aufstellen, so viel Sie wollen, nur vergessen Sie nicht, es muss passen! Es ist niemandem damit gedient, mit Lügen leere Seiten zu füllen, um sich die Taschen mit Geld vollzustopfen und außerdem noch Steuern dafür zu bezahlen. Wer Weisheit verbreitet, dem ist der Lohn für seine Arbeit keine Last. Wenn Sie von einem Fehler ausgehen, wobei Ihnen niemand mitteilt, dass hier ein Fehler vorliegt, und Sie verfolgen den vorgegebenen Fehler als Wahrheit, wie in aller Welt wollen Sie zu einem logischen Ergebnis kommen? Denn Sie fügen dem einen weiteren Fehler hinzu, da Sie ja der Meinung waren, es ist alles so richtig gewesen, wie man es Ihnen mitteilte!

Da die Menschheit als ihr nächstes Ziel die Besiedelung des Mars plant, sei denen gesagt, die kurzsichtig handeln, der Mars ist eine werdende Erde und wenn Sie zu Beginn der „Mission“ schon Fehler machen, so enden Sie dort auf jenem Planeten genauso wie hier. Wollen Sie dort auch nur die Elektroautos parken, für die hier schon kein Platz mehr ist oder planen Sie, Fabriken zu errichten, die die Umwelt verpesten und verseuchen, da ihnen doch schon hier auf dieser Erde die Mittel für den Umweltschutz fehlen? Zuallererst sollte man das Gehirn benutzen, um eventuell festzustellen, dass zwar die Möglichkeit besteht, einen anderen Planeten zu erreichen, aber wir können niemals alle Bewohner von der Erde zum Mars bringen, da uns hierfür das Material und auch das Geld fehlt; denn, wenn wir immer die geschaffenen Probleme an die nächste Generation weitergeben, werden auch die sagen: Was haben unsere Vorgänger denn eigentlich geschafft?

Nehmen wir als Beispiel Deutschland, von hier gingen zwei Weltkriege aus; aber dieses Land ist kein Vorbild in der Entwicklung der Menschheit. Große Firmen mit weltbekannten Namen stehen heute vor der Pleite und nicht etwa an erster Stelle der Marktwirtschaft, Entlassungen sind an der Tagesordnung. Sehen Sie sich ihre Arbeitsmethoden an, da wird noch immer mit Hammer und Meißel gerungen, eine Lasertechnologie im Digitalen Hightech-Zeitalter ist absolut tabu oder auch weitgehend unbekannt und wenn diese überhaupt Anwendung findet, so zumindest nicht in der „Serienproduktion", was den Verdacht nahelegt, eigentlich hat man kein Vertrauen in die Bevölkerung, da die Laser und deren Technik doch „nur" für die Armee entwickelt wurden. Sehe ich mir die Folgen an, die uns die Armee beschert, so wird nur die Atomenergie befürwortet, die den „Vorteil" hat, man kann damit das eigene Volk ausrotten oder zumindest vorsätzlich schädigen, gleichzeitig haben die Ärzte etwas zu tun und die haben ihre Schweigepflicht.

Vergleicht man damit die Technik, die Außerirdische benutzen, so kommt man darauf, dass die Funktion der Atomenergie denen zwar bekannt ist, aber man kennt auch sehr genau die Gefahren dessen und lebensmüde sind die bestimmt nicht.

Für den Fall, dass Ihnen an der Weiterentwicklung der Menschheit etwas liegt, ohne diese an Medikamente gewöhnen zu wollen, die sie an sich nicht benötigen, dann sollten Sie dieses Buch unbedingt zu Ende lesen, auch wenn Sie nicht alles daran interessiert, da hier auch ein Teil von meinem Leben beschrieben ist, welches in persönlicher Verbindung zu Außerirdischen besteht. Ich bin hier keinen Geistern oder Halluzinationen begegnet, von daher kann ich Ihnen beschreiben, wie es möglich ist, Kontakt mit solchen Wesen (Personen) aufzunehmen. Auch wenn Stonehenge zerstört wurde und davon können wir ausgehen, aus welchen Gründen auch immer, allein die Bezeichnung für das Gestell ist schon falsch, da dort keine hängenden Steine vorhanden sind. Dies, was so aussieht wie ein Verbindungsstein, welcher am oberen Ende immer zwei „Steine“ verbindet, besteht aus Edelstahl im Inneren und Beton ist die Hülle. Daher kann keine Bezeichnung über einen „Stein“ fallen, denn die Säulen, welche in mehreren Kreisen standen, haben den gleichen Aufbau, innen Edelstahl, außen Beton. Aus Gründen der „Vertuschung“ hat man den Beton äußerlich bearbeitet, damit es so aussieht, als wären es Steine. Die gleiche Methode hat man in Ägypten angewandt, auch dort sahen die Steine der Pyramiden mal anders aus in ihrer ursprünglichen Form, als wie wir dies heute vorfinden.

Sollten Sie in der Schule auch das Fach Geschichte,

durchgepaukt haben, dann sollte Ihnen aufgefallen sein, die Landzunge, auf welcher der Palast von Kleopatra einmal stand, ist erst zu jener Zeit versunken, als es die Römer schon gab, von daher stellt sich die Frage: Wie ist es möglich, dass eine Landzunge verschwindet und kein Erdbeben stattgefunden hat? Nehmen Sie das Geschichtsbuch, welches wir auch Bibel nennen, zu rate, so steht klar und deutlich im Alten Testament, an dessen Ende mehrmals der Hinweis von verschiedenen „Propheten“ steht, dass so etwas wie ein Weltuntergang bevorsteht, dieser käme dem Untergang von Atlantis gleich. Hierbei wird der Name Atlantis aber nicht erwähnt, zumindest nicht in der Bibel. Nach dem Untergang von Atlantis, etwa 35 Jahre später, wurde Jesus geboren, der kein Wort über einen weiteren Weltuntergang verlor; aber offensichtlich mit den Nachkommen der Römer auch Ärger bekam; denn die kreuzigten ihn als den König der Juden. Vergleichen wir das Handeln der Obrigkeit von damals und heute, so können wir feststellen, entweder man hat ein besseres Wissen als die Kirche oder, was noch viel schlimmer ist, die Politiker befürworten nur das, was die Firmen im eigenen Land als nächstes planen, denn deren Pläne sind schon von gestern, da gerade jemand dabei ist, etwas völlig Neues auf den Markt zu bringen, ohne sich danach zu erkundigen, wie es denn um die Wirtschaft im Nachbarland steht. So sind wir stets dabei, uns gegenseitig zu überholen, ohne die Möglichkeit zu nutzen, mit dem, was wir haben, etwas Sinnvolles, Bleibendes zu erschaffen, wie es die taten, die diesen Planeten mit mehreren Tempeln ausstatteten, eine Lasertechnik hatten, die von Astronauten nicht als Waffe, sondern als Werkzeug benutzt wurde. Sollten wir einmal diese geistige Reife erreichen, ohne Waffen leben zu können, so wäre dies der erste Schritt zur Normalität und Nutzung von Techniken, mit denen wir ohne Umweltverschmutzung oder Verseuchung anderer, unser Leben gestalten werden.

Die außerirdischen Bewohner, denen wir hier auf dieser Erde begegnen, ohne zu wissen, dass es solche sind, die machen es uns vor, sich wirklich nur zu verteidigen, ohne uns deren Technik zur Verfügung zu stellen. Sie geben uns aber auch deutlich zu verstehen, wenn wir uns nicht an die Zehn Gebote halten, egal, ob wir einer Glaubensgemeinschaft angehören oder nicht, dann folgt die „Reaktion“W auf jegliches vorsätzliches Fehlverhalten, welcher Art auch immer. Wir können nicht sagen, weshalb lässt Gott das zu, wenn wir uns um nichts kümmern und uns alles egal ist. Es seien all die gewarnt, die eine Raubkopie dieser Bücher herstellen wollen, da hier Außerirdische mitgewirkt haben, von daher wird jegliche Haftung entstehender und entstandener Schäden abgelehnt.

Wenn Sie dieses Bild etwas genauer betrachten, werden Sie feststellen, so etwas haben Sie bisher nur in der Kirche gesehen; denn so sehe ich tatsächlich aus, aber am besten abends, wenn es etwas dunkler wird oder tatsächlich bisher nur im Naturkunde Museum von London, denn dort steht eine spezielle Kamera, die etwas sichtbar macht, was die Menschheit entweder leugnet oder als „nichtexistent" abtut. Den Heiligenschein habe ich malen lassen; aber wenn ich den nicht gesehen hätte, könnte ich selbigen auch nicht beschreiben oder zeichnen lassen. Die Wahrheit aber kann man nicht verleugnen; denn eine Infrarotkamera kann nur das im gleichen Moment wiedergeben, was selbige sieht. Da ich keiner Religion oder etwaigen Geheimbünden angehöre, könnte es vorgekommen sein, dass deren Geheimnisse hier vorkommen; aber ich bin mir bewusst, keine solche Informationen von denen erhalten zu haben oder von Personen, die solchen geheimen Bünden angehören.

Ein kleiner Hinweis sei mir noch erlaubt, in der Religion sehen die Europäer immer den Jesus, wenn sie von Heiligen sprechen, ein Budda erscheint denen auch als Bettler immer „fett", im Gegensatz zu Jesus aber war Budda ein Erleuchteter und kein Märtyrer. In weiteren Verallgemeinerungen sind die Europäer demnach „alle" wie Jesus und sterben den Märtyrertod, so zumindest die Auffassung der Kirche, denn uns fehlt eine eigene Persönlichkeit und daher brauchen wir immer einen „Führer". Allzeit viel Sonnenschein zum Lesen und gleichzeitig zum Überlegen.

Rentner bin ich jetzt Gott sei Dank, Arbeiter war ich ein Leben lang; oder hat man die Religion falsch verstanden, um aus einem König einen Bettler zu machen?

Stonehenge/Steelhenge, Teil 1

Eine falsche Bezeichnung für ein historisches Bauwerk, welches unter günstigen Bedingungen noch heute genutzt werden könnte; aber leider ... Um etwas zu erkunden, bedarf es Geduld und Ausdauer, haben Sie beides nicht, werden Sie auch keine Erfolge vorweisen können.

Zu dem Zeitpunkt, als ich Stonehenge besuchte, war gerade Hochzeit im Königshaus von Großbritannien, ein gelungener Anlass, nachdem der größte Teil der Gäste schon auf dem Heimweg war, etwas Geschichte aufzuarbeiten, daher beschloss ich, Stonehenge aufzusuchen. Was ich dort vorfand, war alles andere als ein komplettes Gebäude, mehr ein Trümmerfeld ohne eine beschreibbare Funktion (siehe Titelbild). Auf den ersten Blick sah ich erstens, keine hängende Steine sowie auch keinen Beweis dafür, dass selbige wegen ihrer verschiedenen Form, hiermit ist die jetzige Form gemeint, aus einer anderen Region stammen sollen. Es wäre ein Leichtes, schon jetzt die Katze aus dem Sack zu lassen, dies würde Ihnen aber den Spaß am Lesen eines solch schönen Buches verderben.

Kommen wir zu der Überlegung, was der Steinkreis denn darstellen soll, so muss ich eine Funktion voraussetzen. Einen Steinkreis ohne Funktion zu errichten, wäre das gleiche, wie ein Haus zu bauen, in dem niemand wohnen oder arbeiten kann, weil das Dach fehlt oder die Wände keine Verbindung zueinander haben. Um die Sonnenwende festzustellen benötige ich an sich nur einen Stein mit einem Loch, durch welches der Lichtstrahl hindurch scheint. Es lassen sich auch drei Steine in einer bestimmten Höhe aufstellen und diese haben dann den gleichen Effekt. Bei der

Überlegung, wem es vor 5000 Jahren von Nutzen gewesen sein könnte, wobei die letzte Sintflut circa 6000 Jahre her ist, kann ich nur mit dem Kopf schütteln; oder wie soll in 500 bis 1000 Jahren Leben entstehen, wo vorher nur Wasser war? Nicht, dass es unmöglich wäre, dass ein paar Menschen übrig geblieben sind, aber die Chance ist doch mehr als nur sehr gering. Wenn der erste Mensch vor 30.000 Jahren entstand, wie kann dann innerhalb von 500 Jahren eine Spezies entstehen, die 500 Jahre später dann 52 verschiedene Rassen hervorbringt. Eine Überlegung, die zu keinem Ergebnis führt, es sei denn ...! Wenden wir uns dem Ort unserer Betrachtungsmöglichkeit zu, so sehe ich vermeintlich Steine am Boden liegend.

Auch ist sichtbar, dass die vermeintlichen Steine verschieden hoch sind. Was meine Person betrifft, so werde ich spätestens hier hellhörig, wenn nicht sogar misstrauisch, da das Ganze anfängt, widersprüchlich zu werden. Ein Steinkreis, in dessen Innerem ein weiterer angefangener Kreis steht. Sehen Sie sich das Foto genau an, dann sehen Sie immer drei Steine verbunden miteinander im Kreis stehen. Es gibt niemanden in den Kreisen der Wissenschaft, der hier die einfachsten Verbindungen sieht, oder zumindest erklärt es niemand. An der Erklärung, die Sie im Internet oder auch in bisher gedruckten Büchern finden, steht, dort haben Menschen eine Kultstätte errichtet und die wäre für die damaligen Bauern gedacht, um die Sonnenwende festzustellen. Wozu dann 15 Steinbrücken im Halbkreis? Es fehlen dann 15 oder 45 Steine, um ein Dach zu errichten, da die 15 Steine in nur einer Ecke/Rundung vorhanden sind. Zu dem nächsten Bild, ein Schild in der Landschaft, komme ich später.

Um auf die eventuellen Möglichkeiten einzugehen:

1. Kultstätte mit Dach: Selbige hätte ein schiefes Dach und bei einem Blitzeinschlag wäre ein neues Dach fällig.
2. Wer sollte vor 5500 Jahren, wo gerade die Sintflut vorbei war, eine Kultstätte errichten, wenn wiederum kein Leben an sich vorhanden war?
3. Die Sintflut hat der Erde bestimmt kein Neues Leben beschert, denn alles, was nicht schwimmen konnte, ertrank.
4. Die Sonnenwende hat ein Bauer wohl im Gefühl; denn der weiß ganz genau, wann er seine Kühe melken muss, meist dann, wenn selbige anfangen zu blöken.
5. Wäre das Ganze eine Sonnenuhr, so ist dies keine Erklärung, nur eine solche benötigt nur einen Stein.

Versuchen wir der Sache auf den Grund zu gehen: Wäre das Ganze eine Kultstätte, wer bitte sollte 500 Jahre nach einer globalen Sintflut eine Kultstätte errichten, ein Eisbär für einen Seehund; oder ein Saurier für einen Wurm. Die Saurier waren der Grund der letzten künstlich herbeigeführten Eiszeit und die von Loch Ness waren noch nicht vorhanden. Wem wollte man dann eine Kultstätte errichten? Man kann davon ausgehen, dass dies keine Kultstätte war. Denn wer wollte etwas opfern, wenn alles Leben ausgelöscht ist? Hierzu müsste man erst wieder eine Menschheit schaffen. Der Tatsache folgend, dass kein Mensch mehr auf dieser Erde vorhanden war, nachweislich aber Bauwerke entstanden wie Stonehenge, die 18 Pyramiden, diese Bezeichnung ist auch falsch, sagt mir persönlich, hier hat jemand etwas geschaffen, wer auch immer es war, niemand von dieser Erde kann es gewesen sein; aber die Ägypter tauchen auf und hinterlassen Spuren, die darauf hinweisen, dass sie Stonehenge kennen. Hierzu komme ich in einem späteren Kapitel.

Geben wir denen eine Chance, die die Sonnenwendentheorie aufstellten, so stelle man sich objektiv die Frage, wer braucht mehr als 3 oder gar 40 Steine, um „einen Sonnenstrahl" einzufangen, der nur aus einer Richtung sichtbar ist? Die Genauigkeit des Bauwerkes widerspricht einer primitiven Bauernkultur, noch dazu etwa 500 Jahre nach der Sintflut. Kommen wir zu einer weiteren Möglichkeit, der einer Sonnenuhr, so kann festgestellt werden, auch hier benötigen wir menschliche Lebewesen, woher wollen wir die nehmen? Wer hat sie gebracht oder, anders ausgedrückt, wer hat sie gezeugt? Da steht in der Bibel: „… und der Herr sprach, lasset uns Menschen machen, ein Bild, das uns gleich sei." Was hier zum Ausdruck kommt, ist, mehrere Personen, in großen Steinfiguren, die man Atlanten nennt, stehen in Basalt gemeißelt, im Tempel des Morgensterns, in Tula. Dieser Ort liegt in Südamerika. Suchen Sie nun eine Verbindung zu Atlantis, und was bedeutet dies, die Bewohner von Atlantis und in Südamerika sehen nicht nur aus wie Astronauten, sondern auch wie Ärzte. Der Zeitpunkt steht hier nicht in Jahreszahlen, selbiger sollte aber nach der Sintflut gewesen sein, denn der Herr machte einen Bund zwischen ihm und den Menschen. Ein aufmerksamer Leser würde sagen: Wer ist uns, hier spricht nicht einer zu sich selbst, sondern zu seinesgleichen. Woher kommen denn die, die das sagten, was in der Bibel steht! Im Alten Testament finden wir Sterblichen keinen

Hinweis darauf, es gibt aber Sternwarten, die beobachten 24 Stunden am Tag den gesamten Kosmos, so weit ihre Fernrohre reichen, und wenn man nachfragt, ob selbige schon mal ein UFO gesehen haben, so bekommt man keine befriedigende Antwort, aber falls sie einen Sternenhimmel, mit weißen langen Streifen zu sehen bekommen, der verschiedene Planeten miteinander verbindet, so sind diese Lichtstreifen die Flugrouten der Planeten, sondern die, die wir Außerirdische nennen und im Kosmos schon weiter sind als wir, die ständig Kriege führen, anstatt uns weiterzuentwickeln.

In meiner Wohnung oder auch im Garten finde ich es normal, wenn außergewöhnliche Dinge geschehen, die für einen normalen Sterblichen eventuell tödlich enden könnten, wenn man z. B. einer außerirdischen Person zu nahe kommt. Das kommt daher, dass die irdischen Menschen immer alles, was sie nicht kennen, umbringen wollen. Eine Art Selbsterhaltungstrieb, mit schädlicher Wirkung. Versuchen Sie mal, einer Sache Aufmerksamkeit zu schenken, wenn es kein Einbrecher oder verhaltensgestörter Nachbar ist, es muss nicht immer ein Poltergeist sein, es ist durchaus möglich, dass es sich um Außerirdische handeln kann.

Kommen wir noch einmal zu den Bauern, die eher ein primitives Leben führten als modernen Ackerbau und Viehzucht; denn man kannte noch keine Ökowirtschaft, die Atomenergie benötigt, um Ackerbau und Viehzucht zu betreiben. Anders ausgedrückt, die Welt war noch in Ordnung, es gab keine Massentierhaltung, die in Käfigen zu funktionieren hatte, demnach stellt sich die Frage, wem oder was würde man etwas opfern, wenn überhaupt etwas auf dieser Erde vorhanden war!

Hier sei kurz erwähnt, im Sommer 2011 war ich auf meinem Grundstück im Land Brandenburg (Borkwalde). Dort sprach eine tiefe Stimme zu mir, die sich über dem Waldgrundstück befand, ich soll nach Spanien kommen. Da die Stimme keinen Zeitpunkt nannte wählte ich die Weihnachtszeit, weil die meisten Betriebe zu dieser Zeit ihre Pforten schließen. Gesagt, getan, ich flog nach Spanien an die Küste von Benidorm. Dort gab es vorerst nur das Wellenrauschen und jede Menge Hochhäuser, außerdem natürlich auch Touristen. So wanderte ich täglich den Strand entlang, ohne Erwartung auf ein besonderes Ereignis, denn ich hatte ja Urlaub und das Wellenrauschen faszinierte mich als Stadtmenschen besonders. Die Stimme im Wald hatte ich völlig vergessen, zu faszinierend war der Urlaub am Mittelmeer, auch die Meditation lässt sich trotz des Meeresrauschen herrlich verwirklichen.

Am 27.12.2011, kurz nach Weihnachten, nach der Ansprach des Königs von Spanien, der mitunter sagte, es solle mehr Demokratie herrschen, ging ich wie jeden Tag am Strand spazieren, diesmal aber über einen kleinen Berg, auf dem eine katholische Kirche steht, um unerwartet einen weiteren Strandbogen zu entdecken, den ich zwar vorher aus einiger Entfernung schon gesehen hatte, aber den Weg dorthin nicht fand, da selbiger auch durch drei bis vier Gassen führte und gleichzeitig über den kleinen Berg mittels einer Treppe. Dort angekommen, steht man erst einmal fasziniert da wegen der weiteren Vielzahl von Hochhäusern und nach Luft schnappend, diesen Teil zu erkunden. So ging ich denn in Richtung zum Ende des Strandbogens, um plötzlich nicht etwa eine Stimme zu hören, sondern von etwa 6 dieser Palmen wurde eine an der Baumkrone so heftig vom Wind (der einem Wirbelsturm glich) geschüttelt, dass alle Personen, die dort anwesend waren, erstaunt zu den Palmen schauten sowie auch die Bemerkung fallen ließen, was ist denn das! Da es sich für mich nicht um einen kurzen Windstoß handeln konnte, setzte ich mich auf eine Bank, die dort stand, schloss die Augen und sah eine Farbe, die man gewöhnlicherweise nicht sieht, wenn man die Augen schließt. Der König von Spanien ist somit um eine demokratische Erfahrung reicher oder besser gesagt, das spanische Volk; denn wo ein Wirbelsturm etwas anzeigt, hiermit ist keine Zerstörung gemeint, man nennt es auch das Shiva Bewusstsein (=Erhalter und Zerstörer), dort erfolgt so etwas wie eine Mitteilung. Wird dies ausgenutzt, so entsteht vielen Schaden; denn auch sie wollen doch nicht ausgenutzt werden. Um es vereinfacht zu sagen von jener Bank aus in einer bestimmten Entfernung ist Erdöl und Gas zu finden. Der Beweis dafür ist, seit 2011 bis 2012 ist in Italien mehr als ein Erdbeben registriert worden. Was hat das mit Spanien zu tun? Im Mittelmeer sind Spanien und Italien sehr dicht nebeneinander. Das Ölfeld erstreckt sich bis in den Atlantischen Ozean. Die tiefe Stimme hatte also etwas mit „Tiefe“ zu tun. Demnach sprach ein Außerirdischer zu mir, aus welchen Gründen auch immer. Gehe ich davon aus, dass im Jahre 3500 v. Chr. Menschen auf dieser Erde vorhanden waren, die hierher gebracht wurden, so erging es denen gewiss genauso wie mir, siehe Altes Testament, Buch Moses, denn wenn ich einer Stimme gehorche, die weder meinem Vater noch meiner Mutter gehört, so zeige ich Demut denen gegenüber, die man weder sehen noch anfassen kann, so wie ein Blinder seinen Mitmenschen vertraut, die zu diesem Zeitpunkt auf dieser Erde waren, da sie hierher gebracht wurden, denn die Erde war wüst und leer, d.h., es gab kein Lebewesen an sich, welches nach einer Sintflut noch übriggeblieben wäre.

Um Sie als Leser nicht zu verwirren, dies ist ein Bereich der Parapsychologie, da solche Vorkommnisse nicht mit der Freud-Theorie oder auch von C. G. Jung erklärbar sind, denn dort stammen wir einfach nur vom Affen ab und alle Eiszeiten fallen unter den Tisch, weil es einfacher zu erklären ist; aber an sich ist es falsch. Es mag schon sein, dass wir vom Affen abstammen; aber eine solche Entwicklung findet dann auch auf anderen Planeten statt, wo es eventuell nur Affen gibt, aus denen sich menschenähnliche Wesen entwickelten.

Versetzen wir uns also in die Lage, einen Steinkreis zu errichten. Ein Bauer hat nicht das ganze Jahr etwas zu tun. Er hätte nach dem heutigem Stand der Technik auch eine große Familie, um das Feld zu bearbeiten. Wildschweine wären die einzige Möglichkeit, auch wenn nicht nur ich dies bezweifele, die man als Haustier halten könnte, denn die Sintflut war gerade vorbei, woher sollten dann Wildschweine, Kamele und Esel kommen! Demnach führten die Bauern ein faules leben, so kann man sagen, und der Herr sprach (der nicht zu sehen war; denn auch ich sah niemanden, der im Land Brandenburg zu mir sprach): „Sammle Steine, um einen Kreis zu errichten. Hiervon steht auch nichts im Alten Testament, denn ich bin faul und will euch nicht ständig die Sonnenwende mitteilen.“ Stellen Sie sich selbst die Frage, ob es sinnvoll ist, einen Steinkreis zu errichten, um an einer bestimmten Stelle festzustellen dass es jetzt an der Zeit sei, das Feld zu bestellen und an den Winterschlaf zu denken, oder ob zwei bis drei Steine nicht genügen würden, den gleichen Effekt zu erzeugen. Bei einem Steinkreis hätten mehrere Bauern viel Arbeit, was aber nicht von Intelligenz zeugt, denn der Kreis hätte somit keine Funktion, außer der, dass ein Steinring entstanden ist. Sehe ich mir den Steinring dann etwas genauer an, so stelle ich fest, dass innerhalb des Steinkreises ein weiterer U-förmiger Steinkreis vorhanden ist, der äußerlich sichtbar keine Verbindung zu dem geschlossenem „Steinkreis" hat. Weiterhin fehlt bei einem Gebäude die Möglichkeit, ein Dach zu erstellen, welches dann Schlagseite hätte, weil ein weiterer hoher Stein oder besser gesagt eine Steinbrücke fehlen würde, an der gegenüberliegenden Seite. Weiterhin stellt sich mir die Frage: Weshalb wurden dann nicht auch Steine als Querverbindung oben auf den Ring aufgelegt, damit evtl. ein Dach entstehen könnte. Es sei so viel gesagt die Länge der Steine bräuchten dann Säulen, um abgestützt zu werden, da selbige ansonsten durchbrechen würden, diese müssten dann innerhalb des noch vorhandenen Kreises stehen. Haben wir somit einen Steinkreis errichtet, wäre die Frage nach dem Sinn einer solchen Anlage, wo ist der Anfang und wo das Ende, außerdem, wozu einen weiteren angefangenen Halbkreis, mit vier gleich hohen Brücken und nur einer höheren Steinbrücke, die zu ebener Erde sichtbar keine Verbindung haben? Somit haben wir einen Steinkreis und diesen einen angefangenen Halbkreis im Inneren. Sehen wir uns das Ganze aus der Vogelperspektive an, so entdecken wir um diesen Steinkreis, mit dem Halbkreis innen, dass sich ein weiterer Grabenkreis entdecken lässt, der in einer Richtung nicht geschlossen ist, eine Art Eingang. Es ist die Stelle, wo bis zum heutigen Tage die 25 Steinformation noch erhalten ist. Demnach müsste der Eingang an der Stelle gewesen sein, wo der Grabenring einen Eingang hat, das ist an der Zahl 7 erkennbar. Der Grabenring stellt den Umfang eines Mutterraumschiffes dar, selbiger hat einen Durchmesser von etwa 120 Metern, was nicht heißt, dass der Raumtransporter genau 120 Meter im Durchmesser hat, selbiger könnte auch größer sein. Man nennt diesen Raumtransporter auch Mutterschiff und der Steinring ist keineswegs aus Stein im weitesten Sinne, vielmehr sind die sichtbaren Steine hohl und haben einen Edelstahlkern innerhalb und sind somit mit einem Betonmantel umgeben. Der höhere Halbkreis der vermeintlichen Steine ist das Kupplungsstück zur Stromverteilung an andere Objekte, die aus der Öffnung schweben, die den Eingang zu Stonehenge als Ausgang benutzen; denn wenn der Raumtransporter gelandet ist, wird selbiger entladen. Um Ihnen die Schwierigkeit eines solchen Unternehmens bildlich vor Augen zu führen, vergleichen Sie einmal, wie schwierig es ist, einen Starkstromstecker mit einem Kupplungsstück zusammenzustecken, und wie schwierig es erst dann ist, mit einem Raumschiff auf der Erde zu landen und an ein Kupplungsstück anzudocken. Sie glauben das nicht! Die Mitte des Kreises hat fünf Brückensteine! Ein Starkstromstecker hat fünf Stifte. Woher hat die Starkstromelektronik wohl diese Technik? Es gibt hierfür nur eine Erklärung, man hat sich mal wieder was abgeschaut; denn von allein kommt hier keiner auf solch grandiose Ideen.

Sie glauben, das war wohl schon alles, dass hätten alle anderen schon längst entdeckt! Es gibt bis zum 23.6.2012, niemanden auf dieser Erde, der das so einfach niedergeschrieben hat, weder im Internet noch in irgendeinem anderen Buch. Warum ist das so? Seit dem 11. September 2001 ist alles, was nicht erklärbar ist, eine Tat oder besser gesagt eine Missetat von Al-Qaida. Ich habe den Eindruck, würden wir allen Geschehnissen auf den Grund gehen, so hätten wir oft keine irdische Erklärung für Dinge, die geschehen sind, und suchen eine Ausrede für die offensichtlichen Fehler, die begangen wurden, die dann auch ihre Folgen haben; oder meinen Sie, wir könnten unendlich viele Fehler begehen, ohne Folgen? Wenn wir vom Affen abstammen, vor ca. 300.000 Jahren, dann folgte vor 6.000 Jahren die Sintflut, wo bitte blieben all die Tiere und Neandertaler, bei einer globalen Sintflut? Wenn ganze Herden von Sauriern ausgestorben sind, wird auch kein Eskimo am Leben geblieben sein. Selbst wenn eine Person diese Kälte überstanden hätte, wäre weiterhin kein Nutzen vorhanden; denn außer der einen Person gäbe es niemanden, dem man sich mitteilen könnte. Auch eine Vermehrung wäre nicht mehr möglich.

Gehen wir der Sache etwas mehr auf den Grund, indem wir den Mutmaßungen der Wissenschaft folgen, es stellt sich zuerst die Frage: Wie entsteht eine Eiszeit? Doch nur dann, wenn nicht genügend Sonnenschein vorhanden ist. Dies kann aber nur wiederum nur zustande kommen, wenn ein so großer Planet vor der Sonne steht, der alle Sonnenstrahlen verschluckt oder einige gewaltige Vulkanausbrüche stattfinden. Im Kosmos ist so etwas zu finden. Fragen Sie unsere Astronomen. So etwas nennt die Wissenschaft ein Schwarzes Loch, weil diese Objekte so groß sind, aber kein Licht reflektieren, und nun stellt sich die Frage, wie kommt solch ein Objekt zu uns vor die Sonne? Man kann mit Transportern im Weltraum ganze Planeten bewegen und somit auch künstliche Eiszeiten und Sintfluten herbeiführen. Haben Sie schon mal einen Ball bewegt, noch einfacher ist das im Weltall, denn dort herrscht die Schwerelosigkeit. Wer dort Ball spielt, hat eine solch genaue Treffsicherheit, die wir nicht aufbieten können. Ein Raumtransporter mit einem Durchmesser von ca. 120 Metern, der mehrere kleine Objekte mitbringt, die einen Durchmesser von 3,14 Metern haben, die sich wiederum mit mehrfacher Lichtgeschwindigkeit um sich selbst bewegen, denen können wir wohl kaum behilflich sein oder etwas erlauben.

Falls Sie den Mut hatten, mir bis hierher zu folgen, dann sind Sie bereit, Neues zu entdecken. Stonehenge ist also vergleichbar mit einer Abschussrampe für Raketen, nur auf eine ganz andere Art. Komme ich energiegeladen aus dem Weltall, habe ich also eine „Stromaura“, wäre die Notwendigkeit vorhanden, die Energie zu entladen, indem man selbige an kleinere Raumfahrzeuge abgibt, im Volksmund nennt man diese UFOs, auch diese Bezeichnung ist falsch; denn diese Objekte schweben, demnach sind es unbekannte schwebende Objekte (USO). Denn auch das Mutterschiff schwebt, da es keine Flügel hat. Möchten Sie das Wetter erkunden, so kann ich Ihnen gern behilflich sein! Ein Unwetter kann auch künstlich erzeugt werden. So geschehen am 08.08.2013 in unmittelbarer Nähe des Flughafens Tegel, in Berlin-Spandau regnete es, gefolgt von Blitz und Donner. An der Bushaltestelle „Rohrdamm“ entlud sich ein Blitz, der einen sehr metallischen Klang hatte, was sich so anhörte, als ob etwas vom Blitz getroffen wurde, aber es fiel nichts vom Himmel. Demnach hat sich etwas mit dem Strom des Blitzes aufgeladen. Da am Himmel nichts zu sehen war, muss es sich um ein Objekt gehandelt haben, welches nicht von dieser Erde ist. In der Presse wurde nichts darüber berichtet, demnach kann kein „Flugzeug“ unbekannter Herkunft vorhanden gewesen sein. Eine Stromaufladung im Regen ist nur für Objekte möglich, die aus Titan bestehen, andere Objekte würden vom Blitz getroffen abstürzen. Im Land Brandenburg hört sich das dann so an, als ob jemand im Himmel (auf den Wolken) surft. Achten Sie mal bei Unwetter auf einen metallischen Klang am Himmel. Ein Orkan lässt sich auch erklären! Ein USO hat in der Mitte des Objektes ein Loch, die Luft wird von unten nach oben angesaugt, wodurch ein Sogschlauch entsteht. Diesen Wirbel kann man in verschiedene Richtungen steuern, innerhalb des USO. Das bedeutet nicht, dass bei jedem Start eines USO ein Wirbelsturm entsteht, die Möglichkeit besteht aber. Erinnern Sie sich an Berichte aus Amerika, wenn Wirbelstürme wüteten, hierbei wurden Lkws, die 40 Tonnen wogen, wie Spielzeug durch die Luft gewirbelt. D. h. durch die Drehung des Objektes wird der Wirbelsturm entfacht und die Folgen sind für die Menschheit dann sichtbar. Die gleiche Energie lässt sich natürlich auch sinnvoll nutzen, z.B. wenn man Steine an den Ort bringt, wo man ein Gebäude errichten will (siehe Pyramiden, die an sich keine sind). Die unteren Steine, die einzeln nur 7 Tonnen wiegen, sind für ein USO an sich kein Gewicht, demnach benötigt man dann auch keine Sklaven für den Transport. Schauen Sie sich das gesamte Gelände der Pyramiden an, dann sehen Sie eine Sphinx, nebst Dächern in Pyramidenform. Bisher fand ich keine Erklärung über die Funktion des Gebäudes. Gehen Sie aber in die Sphinx herein, so finden Sie vier Nischen. Was hat man dort wohl vor 5500 Jahren getan? Die Antwort ist ziemlich einfach!

Um ein Gebäude zu errichten, bedarf es eines Zweckes, dieser ergibt sich aus der Planung und den Sinn seiner Nutzung! So ist für den Bauherrn nur die Frage der Ver- und Entsorgung verschiedener Bedürfnisse der Personen maßgebend. 1. Pausen = Essen und trinken, 2. Notdurft = Fäkalien und Abfälle. Nehmen wir zuerst das Essen, stelle ich eine Glaubensgemeinschaft dar, so sorge ich für das, was das Personal benötigt. Demnach kann ich nicht Tausende von Sklaven halten, die würden ständig versuchen zu fliehen oder sich auf Toiletten aufhalten, wie wir es alle von der Arbeit her kennen, auch müsste man dann Raucherpausen einkalkulieren, falls es auch Indianer unter den Sklaven gegeben hat, was auf Grund des noch einen Kontinents zu jener Zeit nicht als unmöglich erscheinen würde, auch dies hätte die Wissenschaft dann völlig übersehen. Aber seien Sie unbesorgt, es gab zwar Indianer, die nach Ägypten kamen, aber nicht als Sklaven. Um wiederum neue Sklaven heranzuholen, verschwende ich unnötige Zeit, der Bau meines Vorhabens würde sich verzögern. Eine Sklavenherrschaft würde sich herumsprechen und andere Völker würden das Land meiden. Außerdem bedarf es einer Unmenge an Lebensmitteln, Tausende von Menschen mit dem Nötigsten zu versorgen. Demnach hatte die Sphinx nur eine Aufgabe, dies war die Küche für die Personen, die den Tempel (so steht es im Neuen Testament) errichteten. Selbst Jesus war dort anwesend, als er die Geldwechsler aus dem Tempel jagte (etwa 2000 Jahre nach Errichtung des selbigem). Wie kommt man zu dieser Feststellung? Sehen Sie sich die Form der Sphinx an! An der vorderen Seite Mensch, an der hinteren Seite Tier. Demnach sind zwei Arten von Menschen oder Gottheiten an dem Werk beteiligt gewesen. Die einen aßen Fleisch, die anderen waren Vegetarier; aber eines hatten sie gemeinsam, sie arbeiteten an demselben Projekt.

Vergleicht man das Arbeiten der Menschen von heute und das Gegenteil der Menschheit von damals, so findet man auf der gleichen Erde nicht nur verschiedene Völker, sondern auch verschiedene Temperamente, die sich in der Arbeit widerspiegeln. Da schaffen die Koreaner es, in einem Jahr einen neuen Bahnhof zu bauen, in Deutschland dauert das bis zu zehn Jahre, wie geht das? Die Ungläubigkeit der Menschheit ist enorm groß, das kann man daran sehen, wenn das Gespräch auf UFOs gelenkt wird. Da kommen dann zuerst primitive sexuelle Abhandlungen, dass der Mensch aus Richtung Osten kommend immer noch ein Wesen ist, welches eher dem Affen gleicht, um aber bereits als Mensch angesehen zu werden. Die Sklaverei des Ostens unter russischer Herrschaft ist oft nur mit einem Namenswechsel verbunden und ohne Blut zu vergießen geht dort wohl gar nichts. In Amerika schweigt man sich aus, um an etwaigen Spekulationen zu verdienen. Man sieht es auch daran, wie viele Theorien nur allein über die Pyramiden im Umlauf sind, nicht um die Wahrheit erklären zu wollen, sondern um daran zu verdienen. Es geht der Menschheit also nicht darum, etwas zu erklären, sondern um die Wahrheit zu vertuschen. Demnach kann festgestellt werden:

1. Es gibt keine Pyramiden, weil nur ein Teil des gesamten Gebäudes über der Erde sichtbar ist. Es ist das Dach.
2. Da der untere Teil eine Art Kastenform hat, ist das gesamte Gebäude, ein „Tempel“.

3. Um ein oder mehrere Gebäude zu errichten, bedarf es humanitärer und sanitärer Einrichtungen.
4. Die Sphinx nur von außen zu betrachten, ist oberflächlich, da im Inneren die Tätigkeit stattfand. Dort wurde gekocht, gebraten, evtl. auch gebacken es befinden sich vier Nischen im Inneren, auf denen Herde, die mit welcher Energie auch immer, Platz hatten. Es könnten pro Nische etwa zwei Personen gleichzeitig am Herd stehen. Nun können Sie sich ausrechnen, wie viele Personen maximal versorgt werden konnten, außerdem befinden sich deutliche Anzeichen in unmittelbarer Nähe der Sphinx die mehrere kleine Plattformen bilden, auf denen Tische und Stühle Platz hätten, demnach stellte die Sphinx nicht nur die Küche dar, die nach heutiger Art eine Kantine ist.
5. Es stellt sich nun die Frage: Woher kommen diese Ägypter? Betrachtet man das Ganze aus der Vogelperspektive, da auch Vögel und das Fliegen als Bilder im Tempel vorkommen, so sah ich z.B. einen Indianer im ägyptischen Museum, der Flügel hatte. Der ist demnach nicht nach Ägypten gewandert, sondern geflogen. Das Sehen aus der Vogelperspektive stellt also etwas Wesentliches dar. Wenn man sich die Sternbilder ansieht, so ist das Sternbild Orion genau das Bild, das man sehen würde, wenn man über den Pyramiden schweben würde. Das Gleiche kann man auch über andere Arten von Pyramiden beobachten (die keine sind). der Aufbau gleicht immer einem Sternbild. D.h. von verschiedenen Planeten wurde hier auf dieser Erde eine Menschheit gesammelt, um zu sehen, wie verschiedene Rassen sich verhalten in Gemeinschaft mit

anderen.

6. Wer hat nun all diese verschiedenen Menschen hierher gebracht? Stonehenge ist eine Art Weltraumbahnhof, von den Menschen zerstört (leider), selbiger diente dazu, Gottheiten als „Führer“ für die Menschen hier anzusiedeln. Nicht Großbritannien wurde besiedelt, sondern Ägypten, Indien, China, Süd- Amerika. Der Beweis liegt an sich in den historischen Bauten. Nun stellt sich die Frage: weshalb nur ein Stonehenge! Die Antwort ist einfach, wenn es nur wenige gläubige Menschen gibt, brauche ich auch nur wenige Menschen befördern, ein paar hundert vielleicht. Stonehenge ist also eine Art „Weltraumbahnhof“, der nicht von Menschenhand geschaffen wurde, sondern von den Außerirdischen, denn Edelstahl war zurzeit der Errichtung von Stonehenge noch nicht entdeckt, zumindest nicht von den Bauern in England. Es sei hier erwähnt, ob es zu dieser Zeit bereits Bauern in Großbritannien gab, sei zu bezweifeln, denn die hätten vielleicht das Gestell zerstört, in der Meinung, böse Geister hätten etwas errichtet; oder meinen Sie, man denkt heute anders darüber, wenn an einem Ort etwas steht, was „keine Funktion“ hat. Gehen wir all den Spekulationen nach, die Alkoholiker, Drogensüchtige und andere nicht ganz gesunde Menschen aufstellen, so kommen wir zu endlosen Debatten, die zu nichts führen, keine neuen Erkenntnisse hervorbringen oder überhaupt etwas erklären. Wenn ich ein Bild sehe, auf dem klar und deutlich zu sehen ist, dass hier ein Material verwendet wurde, welches zu jener Zeit, ca. 3700 v. Chr. noch nicht entdeckt wurde, so versteife ich

mich nicht in einer Erklärung, die so widersinnig ist, dass sogar ein Tölpel bemerkt, dies ist bestimmt die falsche Erklärung für etwas, was bisher niemand herausfand. Wenn Stonehenge von Menschen erschaffen wurde, dann stelle ich mir die Frage: Wer hat denen das Rechnen beigebracht? Diese Menschheit hätte dann lesen und schreiben sowie rechnen können. Denn zur Berechnung eines Steinkreises, kann ich nicht wahllos etwas planen, einen Kreis muss man vorher berechnen, nach Größe der Steine, um dann einen Steinkreis zu errichten; aber schon die Bezeichnung Steinkreis ist falsch, da die scheinbaren Steine äußerlich eine Betonhülle haben, auch Beton war 3700 v. Chr. nicht bekannt, zumindest keinem Erdbewohner und einem Bauern schon gar nicht, somit bleibt nur eine Erklärung, dieser äußerlich aussehende Steinkreis mit einem Edelstahlgebilde im Inneren des Betonmantels, diente einem Raumtransporter, der mehrere kleine USOs und Menschen transportierte, dazu, das Gebilde Stonehenge als Start- und Landerampe zu benutzen. Eine solche Erklärung mit den vorhandenen Beweisen habe ich bisher noch nirgends lesen oder sehen können. Im Gegensatz dazu fand ich aber jede Menge Falschinformationen, speziell im Internet, die so unsachlich sind, dass man meinen könnte, ein Kindergarten hätte plötzlich Zugang zu den geheimsten Informationen, die es je über Stonehenge gegeben hat. Unsere Wissenschaft, die staatlich gelenkt ist, ist demnach weisungsgebunden, was bedeutet: Wir brauchen eine Private Wissenschaft, die keine Verpflichtung dem Staat gegenüber hat, so etwa wie einen Wechsel der

Präsidenten in Amerika, was zur Folge hat, dass keine 25 Jahre vergehen, um Verbrechen aufzuklären. Wir brauchen mehrere Präsidenten wie den Herrn Obama oder einen Kanzler Willy Brandt, nicht aber solche, die mit Innovationen (Diebstahl am Volk) das eigene Volk, sondern auch deren Nachbarn bestehlen.

Vor kurzem fand ich ein Gebilde im östlichen Teil von Berlin, was ad absurdum, deutlich zeigt, dass Stonehenge keine Kultstätte gewesen sein kann, weil ... überhaupt jegliche Schriftzeichen oder Malereien fehlen, die doch schon bei den Neandertalern vorgekommen sind. Weshalb hat Stonehenge, wenn es eine Kultstätte gewesen war, keine Schriftzeichen an sich? Es war demnach keine Kultstätte. Die Malereien begannen erst in Ägypten. Dies ist nicht Stonehenge, vielmehr ein Portal als Eingang zu einem Park; in Berlin; aber eben nur ein Stein, mit Inschrift, was an dem Gestell von Stonehenge völlig fehlt, um mit einer Inschrift oder Malereien versehen zu sein und ein Beweis einer Kultur- oder Wohnstätte zu sein. Auf dem nächsten Bild sehen Sie einen Teil eines Friedhofes. Vor dem Grab auf der linken Seite sieht es so aus, als ob etwas im Kreis gelaufen sei, aber dem ist nicht so, dann wäre die Erde gleichmäßiger zu sehen.

Dort an dieser Stelle, sah ich ein außerirdisches Objekt, landen, obwohl es an dieser Stelle von meinem damaligem Fenster aus gar nicht mehr zu sehen gewesen wäre. Das liegt daran, diese Objekte bewegen sich so schnell, in dem Moment, wo wir sie sehen, sind selbige auch schon an einer anderer Stelle. Unsere Augen sehen maximal zweifache Lichtgeschwindigkeit, diese Objekte aber lösen sich scheinbar auf; oder besser gesagt, sie sind für das Auge nicht mehr sichtbar, wenn selbige drei- oder mehrfache Lichtgeschwindigkeit erreichen. So benötigt das Mutterschiff, der Raumtransporter, nur 15 Minuten, für 10.000 Lichtjahre, um selbige zurückzulegen. D.h. Ein Mutterschiff ist aus dem Sternbild ORION ist in 15 Minuten ab Start in der Umlaufbahn der Erde. Hierbei legt das Raumschiff natürlich nicht 10.000 Lichtjahre zurück als Zeit gemessen, vielmehr ist dies die Entfernung von der Erde zum Sternbild Orion. Der wesentliche Unterschied liegt darin, die Entfernung ist keine Zeit in dem Sinne, würde man sich mit Lichtgeschwindigkeit in einer Atmosphäre bewegen, so Herr Einstein, wäre die Entfernung von der Erde zum Sternbild Orion 10.000 Lichtjahre. Im Kosmos dagegen haben wir keine Atmosphäre, demnach auch keine Reibung; aber stattdessen Magnetfelder. In guten Sternwarten kann man Ihnen dies auch bildlich darstellen, indem man Ihnen zeigt, was für ein Interstellarer Verkehr, im Kosmos herrscht. Dort sieht man dann weiße Streifen, die von verschiedenen Planeten zueinander führen. Unterbrochene Linien stellen einen ungewollten Zwischenstopp dar, der z. B. von Gestein im Kosmos herführen kann. Auch kann man früh morgens bei klarem Himmel etwa gegen 5:00 Uhr MEZ sehen, wenn aus dem Sternbild Orion sich ein Transporter löst. Stellt man sich parallel den Aufbau der Pyramiden vor, so sieht man hinter der Cheopspyramide (bildlich vorgestellt) einen Ball oder, anders gesagt, ein rundes Objekt hervorkommen, welches dann immer schneller wird, um dem Auge dann zu entschwinden, weil es schneller als zweifache Lichtgeschwindigkeit wird. Genau nach 15 Minuten taucht es dann in der Umlaufbahn der Erde wieder auf. Es kann also nicht sein, dass diese Objekte vor 10.000 Lichtjahren starteten, denn dann könnten selbige ja nicht am gleichen Tage bei uns auftauchen, wie sie gestartet sind. Somit ist die Theorie, dass Licht im Kosmos Jahre benötigt, um von uns gesehen zu werden, widerlegt; denn das Licht in 1000 Lichtjahren Entfernung legt keine Strecke zurück, vielmehr scheint es nur an Ort und Stelle, in dem Moment, wenn wir es sehen. Zusammenfassend können wir sagen, Licht legt keine Strecke zurück; denn dann hätten wir endlos viele Lichtstreifen am Himmel, die bei wolkenlosem Himmel sichtbar wären. Auch verändert sich ein Flugkörper nicht, wenn selbiger im Kosmos sich mit mehrfacher Lichtgeschwindigkeit fortbewegt, da keine Reibung entsteht, vielmehr unzählige Magnetfelder vorhanden sind. Die verschiedenen Planeten bzw. Galaxien haben ihr eigenes Magnetfeld. Lege ich also eine Strecke von 10.000 Lichtjahren zurück, benötige ich nicht 10.000 Jahre oder gar 10.000 Lichtjahre, die Reisegeschwindigkeit, die ich vorgebe, ist entscheidend. Mehrfache Lichtgeschwindigkeit im Kosmos hat eine andere Wirkung als Lichtgeschwindigkeit in der Erdatmosphäre; denn die Atmosphäre bremst, siehe Einstein. Die Einsteintheorie befasst sich an sich nur mit der Erde oder Planeten seinesgleichen. Demnach gelten z.B. auf dem Mond andere Gesetze als auf der Erde. Auf dem Mond ist alles sechsmal leichter, demnach ist der Energieverbrauch auch wesentlich geringer. Des Weiteren beschränken sich immer die Erfolgsberichte darauf, wie man zum Mond kommt, nicht aber auf die vorhandenen Strukturen, um einem Gegner nichts mitzuteilen. Bei einer globalen Wirtschaft, die wir heute anstreben, ist dies aber Zeitverlust. Noch schlimmer ist es, wenn es auch noch ein finanzieller Verlust wird. Von Ölkrisen zu Materialkrisen, die an sich nicht vorhanden sind, vielmehr künstlich erzeugt werden, damit alles teurer wird, d.h. künstlich erzeugte Krisen, die vermeidbar sind, schaden uns allen und nicht nur unseren Nachbarn.

Schauen wir uns als Vorbild, die Aufbauten Außerirdischer an, die trotzdem ca. 5500 Jahre her sind, etwas auf dieser Erde stehen gelassen haben, was für uns nicht wirklich erklärbar ist, vielmehr ein Komikfilm, wie „unheimliche Begegnung der dritten Art“, der ein ballförmiges Raumschiff auf der Erde mit lautem Getöse erscheinen lässt, welches gleichzeitig tot geglaubte Personen wieder zum Leben erweckt, lächerlicher geht es wohl kaum. Das Bermudadreieck als außerirdischer Treffpunkt, für wen, stellt sich die Frage hier, wo dort doch nichts als Wasser ist, soll dort ein Treffpunkt sein? Dass außerirdische Objekte auch tauchen können, stelle ich nicht in Abrede, halte ich eher für normal, das letzte Ereignis war Japan, wo, in Folge eines „Strudels“, der mit einem USO erzeugt wurde, weil selbiges sich zu dem Erdkern=Sonne durchbohrte und somit ein Erdbeben erzeugte. Oder gibt es eine natürliche Erklärung hierfür? Wenn sich zwei Erdplatten bewegen würden, erzeugen diese sicherlich keinen Strudel, vielmehr einen Riss, der dann wesentlich länger wäre als ein Strudel. Demnach wäre dann ganz Japan zerstört worden. Falls Sie nach dem Grund dieser Zerstörung suchen, so liegt diese im Diebstahl auf technischem Gebiet, das Blue-Ray-System stellt an sich eine Infrarottechnik dar, weil Nachtaufnahmen in guter Qualität möglich sind, keine irdische Erfindung, vielmehr außerirdische tägliche Nutzung. Im Land Brandenburg, Ortschaft Borkwalde, habe ich dies selbst erlebt, ich sah einen Laptop, keine Person, die selbigen hielt, ein blau schimmerndes Display, morgens ca. 3 Uhr, vor meinem Grundstück, in der linken Hand hielt ich eine Mausefalle, in der sich eine lebende Maus befand. Da ich keine Person sah, die den Laptop hielt und dieser auch nicht auf etwas gestellt war, bzw. abgestellt wurde, kann es sich hierbei nur um eine außerirdische Person handeln, die sich „unsichtbar“ machen kann; aber trotzdem auf etwas hinweist. Weshalb der Laptop nun nicht auch unsichtbar war, entzieht sich meiner Kenntnis, zumindest hatte ich weder ein ängstliches Gefühl noch das Bedürfnis, der Sache auf den Grund gehen zu müssen, da ich auf dem Weg zur Arbeit war und die Maus wieder aussetzen musste, irgendwo im Wald. Diese außerirdische Person wollte also demnach sehen, was ich mit der Maus anstelle, sie töte oder selbiger eine weitere Lebenschance gebe.

So kann es auch uns Menschen gehen, ob und wie wir anderen eine weitere Lebenschance geben. Man muss demnach nicht in der Politik tätig sein, um anderen zu helfen, auch kann ich anderen nicht finanziell helfen, wenn ich selbst Not leide. Uns sei die Vergangenheit ein Mahnmal, für das, was uns heute widerfährt. Wo zeigen sich Vorbilder, die der Menschheit behilflich sind, auch wenn selbige dabei Geld verdienen; denn ohne Geld kann ich nichts erschaffen, nirgends einkaufen gehen oder Bauwerke neu erschaffen bzw. selbige nutzen.

Stellen Sie sich vor, Sie würden ein Stonehenge erbauen wollen, welchen Nutzen hätte dies für die Menschheit? Allem Anschein nach erst einmal gar keinen, denn Steine stellen keinen Zweck dar. Einen Ring aus Steinen zu erstellen, ergibt auch keinen Sinn, auch wenn selbige als Quadrat oder andere eckige Form aufgestellt werden, haben sie keine Funktion, erst ein Dach als Verbindung gäbe uns eine logische Erklärung, da alles zweckgebunden, nach irdischen Regeln erklärbar ist. Nehme ich alle verfügbaren Wissenschaften die auf dieser Erde tätig sind, so komme ich zu einer anderen Erklärung, die mir vorgibt, logisch zu denken. Dies wäre z.B.: 1. Wenn alles Leben ausgelöscht war, wer hat dann Lebewesen hierher gebracht? 2. Diese

Götter sind unserem Aussehen gleich. Die Technik dieser Lebewesen ist unserer bei weitem voraus, denn weiter als bis zum Mond oder Mars sind wir noch nicht vorgedrungen. Der Mars ist in unmittelbarer Nähe; aber mit herkömmlichen Mitteln nicht zu besiedeln. 4. Hätten wir aus den Fehlern, die bisher begangen wurden gelernt, so würden wir eine enorme Entwicklung vor uns haben, die alles da gewesene in den Schatten stellt. Ich mache mit Ihnen jetzt einen Sprung vorwärts! Um einen Planeten zu besiedeln bedarf es nicht nur Menschen, sondern auch einer ausgereiften Technik. Bevor man dort landet, muss man feststellen, ist dieser Planet für Menschen geeignet oder hat selbiger nur Rohstoffe, die es sich lohnt abzubauen? Kommt man mehrmals zu diesem Planeten, so stellt sich die Frage der Wirtschaftlichkeit einer solchen Mission. Hat man einen Landeplatz gefunden, so wird dieser Zeugnis für die Anwesenheit derer sein, die diesen Planeten erreichten (siehe Amerika und selbiger Fahne auf dem Mond). Es gibt natürlich auch Außerirdische, die mit Robotern andere Planeten erforschen; daher kann es vorkommen, dass sich Situationen ergeben, die ungewöhnlich sind, wenn man davon ausgeht, kein „Leben" vorzufinden, auch Bakterien sind Lebewesen. Gehe ich also davon aus, andere Lebewesen sind jemals hier gelandet, so müssen Merkmale von denen hier auf dieser Erde vorhanden sein. Demnach muss es einen Landeplatz geben, den die, die hier gelandet sind, öfter als einmal benutzt haben, denn wenn ich einen anderen als meinen Heimatplaneten benutze, um mich sesshaft zu machen, so muss dieser auch die gleichen Gegebenheiten aufweisen wie mein Heimatplanet. Nun würde ich als Wissenschaftler niemals allein auf die Suche gehen, vielmehr andere Wissenschaftler bzw. Wissenschaften zu Rate ziehen, um Parallelen zu finden. Da ist die Bibel, in der nicht alles so wiedergegeben ist, wie der eine oder andere es erlebt hat, aber wenn ich einen Glauben habe, so erfahre ich persönlich doch Dinge, die von der Wissenschaft nicht so wiedergegeben werden, da hier mehr gestritten als erklärt wird.

Kommen wir zurück zum Thema Stonehenge! Wenn ich drei Steine nehme, diese wie eine „Tür“ aufbaue, dazu selbige auch noch im Kreis, so stellt das Ganze kein Haus dar. Demnach kann Stonehenge nicht, wie der Name es sagt, aus Stein bestehen, auch wenn es so aussieht. Nun habe ich mir die Mühe gemacht, bei einem Besuch an selbigem Ort ohne selbiges Gebilde zu berühren, Fotos zu erstellen und auch einen Kompass nahm ich mit zur Orientierungshilfe, dummerweise waren die Beschreibungen für das Gebilde so unglaubwürdig für mich, dass ich mehr auf den Kompass achtete als auf die Erklärungen, was dann dazu führte, dass in der Nähe zweier „Steine“ mein Kompass eine völlig andere Richtung anzeigte als kurz vorher. Außerdem erschien dann auch noch ein kleines Schild auf dem Rasen, was in Verbindung mit dem Steingebilde einen völlig anderen Zweck ergab! Was glauben Sie jetzt, was ich anfing zu kombinieren! Wo kommt das Magnetfeld her? Es gibt nur eine Erklärung dafür! Hier floss Strom in so hoher Konzentration wie zu dieser Zeit nirgendwo.

Demnach benötigen Mutterschiffe, die wir Raumtransporter nennen, die wiederum mehrere USO befördern, Strom. Dieser Strom entsteht zum einen durch das Durchqueren von Magnetfeldern, die sich im gesamten Kosmos befinden, und außerdem durch den Antrieb, welcher sich im Raumtransporter befindet. Um es auf den Punkt zu bringen, der Begriff Stone (Stein) wäre völlig falsch, da es sich um die für uns sichtbare Form lediglich um einen Mantel für das handelt, was an sich im Inneren des gesamten Gestelles vorhanden ist. Der Mantel besteht aus Beton und das ca. 3700 v. Chr.! Das Innenleben besteht aus Edelstahl, erkennbar daran, dass an der Ummantelung, am unteren Teil, Rostflecke zu sehen sind, ein Zeichen dafür, dass das Innenleben rostet (Steine rosten nicht)! Noch weniger logisch ist es, wenn ein Stein mit Beton zugeschmiert wird, siehe Titelbild, wenn ich das gleiche Material am Boden liegen habe. Weshalb sollte oder wollte ich einem Stein dann eine Probe entnehmen?

Ein weiterer Besuch in London bestätigte mir, dass die Absicht, etwas falsch zu interpretieren, bei den Deutschen besonders groß ist. Über Weihnachten, im Jahre 2013 konnte man deutlich sehen, wie über Schottland eine Regenfront sich tagelang an immer der gleichen Stelle hielt, sodass dort große Überschwemmungen entstanden. Wollte man nun über das Wetter reden oder wäre man in der Lage, Schlussfolgerungen zu ziehen? Es steht fest, im Parlament wurde darauf hingewiesen für den Winter hatten die Schotten Geld gespart, um über die Runden zu kommen, nun aber wurde da nichts draus. Weshalb stell ich mir die Frage und was hat das Wetter mit Stonehenge zu tun? Das, was unser Wetter heutzutage ist, sind die Folgen dessen, was die Politik in die falsche Richtung laufen lässt. Wenn Politiker vorsätzlich die Menschheit schädigen, aber vorgeben im Interesse selbiger zu handeln, um sich selbst zu bereichern ... Wer also z.B. dem Drogenhandel Tür und Tor öffnet, handelt nicht im Interesse des Volkes. Wollten Sie weitere Beweise ihrer Ungläubigkeit? Man erwartet oft „Sichtkontakt“ zu Dingen, die man dann doch nicht erklären kann, von daher gesehen würden sie einem Punkt auf dem Bildschirm dann auch keinerlei Beachtung schenken, da selbiger an einer Stelle steht oder sich so langsam bewegt, dass es kaum merklich wahrgenommen wird. Ein Flugzeug ist in gleicher Weise auf dem Monitor zu sehen, erst bei einer schnellen Bewegung sieht man den Unterschied. Das Objekt aber kann nicht unterschieden werden, da auch Flugzeuge nicht als selbige sichtbar sind, lediglich die Registrierung im Luftraum ist erkenntlich. Sehen wir ein Objekt vom Satelliten aus, so wäre es schon eher möglich eine Beschreibung abzugeben, falls das Objekt erkennbar ist, denn die meisten außerirdischen Objekte sind nicht sichtbar in ihrer Form, vielmehr an ihrer Geschwindigkeit.

Der notwendige Aufbau von Stonehenge lag darin, verschiedene Rassen auf einem Planeten anzusiedeln. Um auf einem Planeten etwas anzusiedeln, benötigt man einen Landeplatz, demnach würde ich erst einmal eine geeignete Stelle suchen, die es mir erlaubt, mit der Art und Form meines Raumtransporters den Boden zu berühren. Demnach schicke ich erst einen Satelliten oder ein USO zur Erkundung und Messung. Sollte sich der Planet für eine Lebensform eignen, erst dann erstelle ich eine Start- und Landerampe, die dem Raumtransporter eine Landung erlaubt. Nach der zurzeit vorhandenen Form des Gestelles, kann der Raumtransporter nicht besonders groß gewesen sein; aber wie immer, wenn uns etwas überliefert wird, fehlt meistens die Hälfte, wenn nicht noch mehr. Unterstelle ich den Forschern, Ungenauigkeiten zu verbreiten, so fühlen sich diese bestimmt angegriffen, da selbige ja im Auftrag des Staates arbeiten, demnach sind die Personen, die dazu beitragen, dass nur Teilwahrheiten an die Öffentlichkeit gelangten, an anderer Stelle zu suchen. Unsere Geheimdienste sind nicht gerade die besten, wenn immer das wesentliche einer Sache weggelassen wird und damit nur ein Teil der gesamten Wahrheit ans Tageslicht kommt. Demnach benutze ich einen Teil des Objektes, welches für uns Menschen ein Weltwunder darstellt und demontiere selbiges Gestell auf ein Minimum, so werden all die Nachkommen vor einem Rätsel stehen, da ihnen die Zusammenhänge fehlen. Sind etwaige Aufzeichnungen in Bibliotheken versteckt, zu denen niemand Zugang hat, womit wollen sie dann beweisen, wie das Ganze jemals ausgesehen hat?

Mir wurde im Jahre 1978 ein Einblick in ein Gebiet zuteil, welches niemand, außer Außerirdische betreten kann. Ich flog von Hannover nach Berlin und in Höhe der Stadt Brandenburg sah ich ein Gebiet, dass landschaftlich hervorstach, weil es erstens symmetrisch gerade, aber doch anders angeordnet ist, als wenn ein Bauer sein Feld abgrenzt und bewirtschaftet. Im Jahre 2016 sieht das gleiche Feld etwas anders aus, da eine zweite Startrampe geschaffen wurde. Es können somit zwei Raumtransporter, die einen Durchmesser von jeweils 120 Meter haben, in kürzester Zeit (ca. im Fünfminutentakt) starten oder auch landen. Mit den 120 Metern möchte ich mich nicht festlegen, da ich den Transporter nicht nachmessen konnte, auch ist das Gelände vor Ort abgesperrt. Es ist demnach möglich, eine Invasion auszuführen, nur liegt kein Grund dafür vor. Was aber deutlich zu beobachten ist, sind Explosionen, die Miniatomkraftwerke erzeugen, die wohl nicht dem Standard entsprechen, dem selbige vorgegeben sind. Im Jahre 2016 waren es mindestens vier bis sechs Explosionen, offiziell gab es keine. Eine Kesselexplosion löst einen Waldbrand aus und lässt auch kleine Fabriken einstürzen. Wie das, es ist doch alles so sicher ...! Wenn der Hauptbahnhof von Prag wackelt, auf Grund einer Explosion, was war das dann für eine ...? Wieder mal ein Kessel ... Würden außerirdische auch so oberflächlich arbeiten wie wir, man hätte nie bemerkt, dass es überhaupt welche gibt.

Stonehenge/Steelhenge, Teil 2

Die Form einer Startrampe für ein kugelförmiges Objekt, muss nicht unbedingt rund sein, eine Kugel hat auch Platz in einem Viereck oder in einem Achteck. Wählte man damals einen Kreis, so war dies die optimale Form, angepasst an das Objekt. Verwendet man heute ein eckige Form für den Rahmen, so deshalb, um kein Interesse zu wecken. Der Abstand zwischen den verschieden hohen Beton-/Stahlbrücken beträgt etwa 5 Meter. Ein eckiger Rahmen sähe dann von oben wie ein Mühlespiel aus, wäre aber in Stufenform aufgebaut, d.h., Stonehenge hatte drei verschiedene Höhen an Kreisbrücken. Je weiter man nach außen ging, desto höher würden die Brücken aus Edelstahl und Beton. Der Beton dient als Isolation für den Stromfluss, der dort fließt und an die sogenannten „fliegenden Untertassen“ abgegeben wird. Selbige können natürlich auch von Bahnstromleitungen ihren benötigten Strom anzapfen.

Kommen wir zu der Bauweise des Gestelles, was man fälschlicherweise Stonehenge nennt! Nehmen Sie eine Vase und legen Sie einen Fußball auf den Hals selbiger. Der Fußball sollte viermal so groß sein wie der Hals, und nun stellen Sie sich vor, ein Orkan oder starker Sturm herrscht, der Ball würde samt der Vase umkippen, siehe Beispiel am Bild:

Es stellt sich nach all den bisherigen Erkenntnissen die Frage, wer denn nun den Strom erfunden hat? Die Erdbewohner bestimmt nicht, denn die wurden ja allesamt hierher gebracht. Sollte es nun den einen oder anderen Physiker gegeben haben oder noch geben, der für uns „neue“ Erkenntnisse hervorbringt, so sind die im Kosmos schon vorhanden, lediglich uns nicht bekannt (und das weltweit). Was können wir also sagen oder erfinden, was andere schon vor uns erfunden haben, nur auf einem anderen Planeten, in einer anderen Galaxie? Die Erfindungen, die wir hier auf der Erde patentieren lassen, können demnach aus dem Kosmos kommen, als gedankliche Eingebung, aber niemals können zwei oder mehr Personen von der Erde, den gleichen Gedanken haben und das auch noch im gleichen Moment. Diese andere Person würde dann geistigen Diebstahl begehen. Weshalb nenne ich Ihnen dieses Beispiel? Um einen Gegenstand, der einige tausend Tonnen wiegt, zu halten, benötigt man eine starke Halterung, die den gesamten Gegenstand in seiner vollen Breite hält, dies sind in diesem Falle ca. 120 Meter im Durchmesser. Es werden demnach Stützen in der gesamten Breite von 120 Metern benötigt! Hier stellt sich die Frage, wo die anderen Stützen sind? Wenn der Raumtransporter einen Durchmesser von ca. 120 Metern hat, dann würden etwa alle 30 Meter die gleichen Steine stehen, das sind mindestens drei Kreise verschieden hoher Steine.

Hier ein Beispiel: Der erste Kreis ist 10 Meter hoch, der zweite Kreis ist 60 Meter hoch und der dritte Kreis wäre demnach 60 Meter hoch; denn 120 Meter im Durchmesser ergeben 60 Meter in der Hälfte. Damit der Transporter abgestützt werden kann und wegen der Ballform sind auch nur drei Kreise notwendig. Es kann demnach nicht sein, dass Bauern die vermeintlichen Steine, die ja nur einen Betonmantel an sich darstellen, herangeschafft haben. Diese wären genauso primitiv wie Affen, die Baumstämme benutzen. Und dies circa 500 Jahre nach der letzten Sintflut, wo es noch keine Bauern gegeben haben kann, da ja nichts als Wasser und Geröll vorhanden war. Betrachten Sie einfach mal diese Skizze, die ich angefertigt habe, um Ihnen zu veranschaulichen, wie Stonehenge denn ausgesehen haben muss, weil …

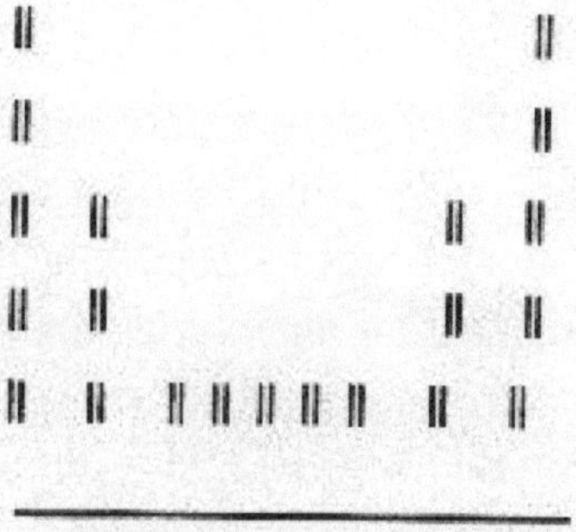

Diese Linie stellt die unterirdische Verbindung der drei Steinkreise dar (Höhe z.B. 10 Meter), (Höhe z.B. 30 Meter), (Höhe z.B. 60 Meter). Die Säulen sind natürlich nicht nach oben geschlossen und je nach Bauweise rund oder eckig und rundum geschlossen (außen Beton, innen Edelstahl). Was an sich verwunderlich erscheint, ist, weshalb die Säulen nicht abgeschrägt sind, damit ein Ball seinen sicheren Halt hat? Diese Schrägen sind an dem Raumtransporter wohl ausklappbar, so wie bei einem Flugzeug die Räder erst bei einem Landeanflug ausgefahren werden. Die Fragezeichen sind möglicherweise insgesamt acht Stromverteiler, die im Kreis angeordnet sind, und dienten den „fliegenden Untertassen" oder besser gesagt den USOs als Aufladestation, obwohl ich eher der Meinung bin, diese USOs können sich im Raumtransporter mit Strom aufladen. Eine weitere Möglichkeit ist, dass dies nur die Verbindungsstreifen zu den 55 weiteren anderen äußeren Säulen zur Stromabgabe sind. Denn alle drei Säulenringe waren miteinander verbunden, so wie es im Land Brandenburg (BRD) heute ist. Dort befinden sich zurzeit zwei solche Anlagen wie Stonehenge, aber eben in eckiger Form. Es sind keine offiziellen Luftaufnahmen im Internet zu finden, aber die Außerirdischen sind nicht so, dass sie sich vor uns verstecken, da ich fast täglich auf verschiedenste Art Kontakt mit ihnen habe. Es gehört so etwas wie Disziplin dazu, etwas sehen zu können und es nicht als Fata Morgana anzusehen, um weitere Rückschlüsse aus einer solchen Situation zu erkennen. Hierzu fällt mir etwas ein, was in den 1960er Jahren auf dem Markt war: Es gab ein Gestell, welches aus drei Ringen bestand, und in den Ringen, waren drei Magnete eingearbeitet. Gab man den Ringen einen Schwung, so drehten diese sich so lange, wie das entstandene Magnetfeld gleichmäßig blieb. Jahrzehnte später gab es einen Film, in dem man aus einer Dreieckszeichnung ein genau wie vorher beschriebenes Gestell in doppelter Ausführung herstellte. Allerdings mit dem Unterschied, dass dieses Gestell mit Strom versorgt wurde. Die Technik der Außerirdischen aber benutzt keine Atomenergie, weil selbige dazu führt, dass bei zu hoher atomarer Strahlung, siehe Tschernobyl, die „Elektronik“ versagt. Die Schlussfolgerung, die wir daraus ziehen können, ist die, dass im Kosmos eine erhöhte Strahlung vorhanden ist, demnach würden Außerirdische keine weitere gleiche Strahlung benutzen, da diese im Laufe der Zeit Ungenauigkeiten hervorrufen würde.

Stonehenge/Steelhenge, Teil 3

Mir ist aufgefallen, wenn Steine im Kreis stehen, weshalb die Wissenschaft das gesamte Projekt dann als etwas darstellt, was völlig aus dem Rahmen fällt. So wird dieser Ort als „Kultstätte“ oder als „Sonnentempel“ bezeichnet; aber mit moderner Technik, wie einem Strommessgerät oder einem Magnetfeldsuchgerät beschäftigt sich niemand. Demnach ist sich der Kreis der Wissenschaftler einig, Unwissenheit zu verbreiten, da die gesamte Arbeit der Wissenschaft dann in Frage gestellt wäre, nebst allen bisherigen Auszeichnungen, wenn es etwas anderes ist. Es kommt dem gleich, als wenn man Soldaten zu Generälen befördert und bei angehender Kritik an den Beförderten denen dann wieder ihre Orden aberkennt. Gehe ich davon aus, dass einer oder mehrere Wissenschaftler zu dem gleichen Ergebnis gekommen sind, auch wenn dies verschiedene Methoden gewesen sind, so sollten die Ergebnisse auch die gleichen sein. Starte ich aber von einer falschen Voraussetzung, so kann kein Ergebnis gleich sein, es kann nur ein gleicher Fehler auftauchen. Ein Rechenbeispiel soll Ihnen zeigen, wie dies funktioniert: 1+3+6=10, 4+4+2=10. Bei gleicher Schulbildung kommen Sie zum gleichen Ergebnis, egal, mit welcher Zahl Sie beginnen. Nehmen Sie aber eine andere Möglichkeit, so werden die Ergebnisse auch verschieden sein. 64-50=14, 64-49=15 wieso rechnet die eine Person anders als die andere? Die erste Person zieht von der Gesamtsumme all das ab, was nicht mehr vorhanden ist, und die zweite Person berechnet, wie lange es dauert, bis ein weiterer Stein verschwindet. Es stellt sich demnach nur die Frage, weshalb sollte ein Stein verschwinden, der an sich doch keinen Wert hat; denn wo immer solch ein Stein auftauchen sollte, und das wird bestimmt nicht geschehen, weil solch ein Stein, der vom Äußeren zwar aussieht wie ein Stein, aber an sich kein Stein ist, nirgendwo als Stein auftauchen kann. Demnach kann man solch ein Teil nicht einfach abbauen, so wie man ein Haus abreißt, hierzu gehört mehr. Demnach handelt es sich hier um eine bewusst gesteuerte Falschmeldung. Stonehenge hat mit Steinen nichts zu tun, auch wenn das äußerlich so aussieht. Es gibt den Papst, der keineswegs gottgleich ist, demnach eher einem Götzendiener gleichkommt, auch wenn Politiker dort vorstellig werden; denn ein Mensch kann keinem anderen Menschen Sünden vergeben. Demnach ist auch der Papst nur ein Mensch, mit dem Unterschied, er ist ein Würdenträger. Jesus hingegen war ein Heiliger, der als Märtyrer starb, selbiger wurde nicht von der Kirche eingesetzt. Weshalb ich dies erwähne, ist, die Katholiken gehen zum Papst, wenn sie einen Fehler begangen haben, um jemanden zu haben, dem sie etwas sagen können, was sie anderen Personen nie mitteilen würden. Es liegt demnach nicht im Sinne der Wissenschaft, Falschmeldungen zu verbreiten, die dann widerrufen werden müssen, weil ein Arbeiter in Verbindung mit Außerirdischen steht und feststellt, der Ort Wiltshire war ca. 3200 Jahre vor Christus der Ort, an dem außerirdische eine Start- und Landerampe errichteten, von der heute nicht mal mehr ein siebenter Teil steht. Wenn man sich an katholischen Lügen orientiert, so wird man zu keinem logischen Ergebnis kommen, so sagte schon Matin Luther, wolle man aber die Wahrheit erkennen, so könnten wir eine neue Bibel schreiben oder besser ein neues Kapitel für selbige.

Wie kommt man zu der Feststellung, dass die Wissenschaft oder ein Teil derjenigen, die sich als Wissenschaftler ausgeben, aber mitunter keine sind, mit gefälschten Papieren arbeiten? Denn ansonsten würde man zu dem gleichen Ergebnis kommen, wie hier in diesem Buch beschrieben. Als ich vor Ort war, hatte ich einen Kompass dabei und solche reagieren grundsätzlich auf Magnetfelder. Demnach kann eine Kompassnadel nur dann seine Richtung verändern, wenn ein starkes Magnetfeld in unmittelbarer Nähe ist. Diese Nähe ist insoweit eingeschränkt, dass das Magnetfeld unter, neben oder über mir sein muss, was den Rückschluss zulässt, wenn nichts sichtbar vorhanden ist, befindet sich das Magnetfeld in diesem Moment unter mir. Nun komme ich zum Kern der Sache!

W
S
E

An keiner Stelle ist sichtbar, dass unterirdisch eine Verbindung besteht; aber an den „Steinen“, die als Verbindungssteine oben auf den senkrecht stehenden „Steinen“ liegen, kann man deutlich erkennen, dass selbige eine metallische Verbindung haben müssen, denn wozu sollten Steine eine Metallverbindung haben? Der Tatsache entnehmend, dass ein Magnetfeld nur dort entsteht, wo Starkstrom geflossen ist oder noch fließt, zeigt deutlich, in Steinen fließt kein Strom, demnach ist die Bezeichnung Stonehenge oder auch Steelhenge völlig falsch. Nun stellt sich eine weitere Frage, wie kommt ein Magnetfeld unter die Erde? Die Antwort kann nur sein, wenn nach außen sichtbar, Metall zur Verwendung von Steinen verwendet wurde, so muss etwas in den Steinen sein, was so viel heißt wie, dass der gesamte Ring nicht aus Steinen besteht, sondern aus Beton, der innen Hohlräume hat, die mit Metall ausgefüllt sind. Dieses Metall beginnt nach ca. 5000 Jahren zu rosten, was so viel bedeutet wie dass es Edelstahl ist. Es gibt keinen Hinweis in der Geschichte des Vereinigten Königreiches, worin erwähnt wird, das 3100 Jahre vor Christus das Edelmetall, der Edelstahl erfunden wurde, bzw. verwendet wurde. Demnach kommen alle anderen später erwähnten Personen nicht für die Erfindung oder Entdeckung von Edelstahl in Frage, da es das Metall schon gab, aber offensichtlich nicht von dieser Erde stammt. Man kann also nur etwas wiederentdecken, wenn man etwas vor sich hat, was man analysieren kann. Ein weiteres Beispiel sei genannt, die Eiserne Säule in Indien, die nicht aus Eisen besteht, sondern aus Titan und dieses Metall kannte man bis in die Neuzeit der 80er Jahre nicht; denn Titan rostet nicht, auch nicht nach 5000 Jahren. Wäre diese Säule aus Eisen, wäre selbige schon längst verrostet und dem Erdboden gleichgemacht. Hätte man das Metall Titan schon früher entdeckt, so wären einige Kriegsschiffe aus einem anderen Material.

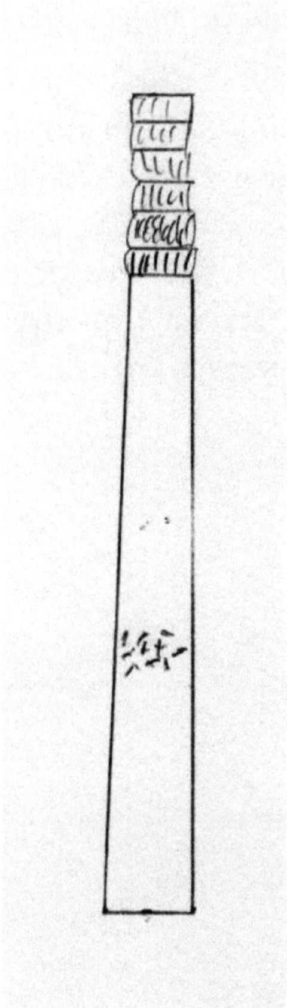

Anhand dieser Beispiele kann man sehen, die Menschheit wird vorsätzlich falsch informiert, damit weitere Fehler nicht auffallen, wie auch, dass ich das Wort Pyramide nicht in der Bibel finde, obwohl doch Jesus dort als Kind von den Pharisäern und Schriftgelehrten unterrichtet wurde. Jesus selbst nannte ihn den Tempel des Herrn. Man könnte ihn auch den Sonnentempel nennen, da der gesamte Komplex aus verschiedenen Dynastien der Ramses-Familie entstand (Moses 1-5). Wie also kommen wir zu der Lösung, dass Metall unter der Erde eine Verbindung herstellt, die den Steinkreis mit Strom versorgt? Des Rätsels Lösung ist, die acht Verstrebungen in der Fahne der Briten zeigen deutlich, was einmal vorhanden war, eine unterirdische Edelstahlverbindung, eingebettet in Betonummantelung. Der Beton dient hierbei zur Isolierung, da der Starkstrom magnetische Felder erzeugt.

Interessant daran ist, eine Magnetspule hat immer nur zwei Pole, der Starkstrom dagegen kann mehrere Pole, bzw. Magnetfelder erzeugen, was so viel bedeutet wie, dass es auf die Isolation, bzw. auf den Abstand zwischen den Stromfeldern ankommt. Somit kann es im Kosmos vorkommen, dass Planeten einen unterschiedlichen Abstand haben, obwohl äußerlich alles gleich aussieht, wie in unserem Sternensystem. Was ich damit sagen will, ist, das gesamte Gestell, nur aus Metall, ergibt drei verschieden hohe Metallkreise, die jeweils anstatt mit einer „Felge“ wie ein Rad, mit Metallverstrebungen verbunden sind, daher müssen diese auch unterirdisch miteinander verbunden sein, da ein Stein oder auch ein Edelstahlgerippe nicht ohne feste Verbindung stehen kann, es muss im Boden verankert sein, so wie man auch Hochhäuser baut.

Möchten Sie aus einer Bildbetrachtung Erkenntnisse erlangen, dann nehmen Sie sich doch mal einen Augenblick der Ruhe, um das zu sehen, was ich in diesem selbst aufgenommenem Bild sehe. Zuallererst sehe ich ein Gebilde, was einem Ring gleichkommt; aber der Ring ist gestützt auf Elemente, die im Boden halt finden, wobei nicht ersichtlich ist, was unter den Stützen verborgen ist. Im Inneren des Kreises stehen vier gleichhohe Stützen, mit einer oberen Verbindung, die wie ein Stein aussieht. In der Mitte der im fast Dreiviertelkreis stehenden Dreierverbindung stehen weitere, aber höhere zwei Säulen und eine Querverbindung, die den Steinkreis und die inneren Säulen überragt. Man könnte dadurch annehmen, dass die höheren Säulen für die Sonnenwende gedacht wären; aber was der Betrachter nicht sieht, ist das Innenleben der Säulen sowie die Querverbindungen. Um die zu sehen, benötigt man an sich eine Röntgenkamera. Wir können also von Glück reden, wenn wir anhand des Bildes sehen können, dass eine Stelle wieder mit Beton verschlossen wurde. Würde man eine Gesteinsprobe entnehmen wollen, so lägen einige Betonmäntel verstreut um das ehemalige Gestell herum. Es steht weder im Internet noch in einem Buch, dass dies jemals versucht wurde, weshalb sollte man auch Steine röntgen, so wie man es bei den Pyramiden tat. Als man die Pyramiden erforschte, da hat man auch versucht, selbige mit Röntgenstrahlen zu erforschen, und musste angeblich feststellen, dass dies nicht möglich ist. Heutzutage benutzt man Infrarotlicht, um etwaige Kammern bzw. Hohlräume zu entdecken. Weshalb tun die Forscher dies nicht, haben sie Angst vor der Wahrheit oder haben sie kein Geld für solch eine Kamera, was ich mir nicht vorstellen kann, denn jegliche Ausrüstungen für die Wissenschaft zahlt der Steuerzahler.

Folge ich den Tatsachen, die man mir vor Ort gibt, dann habe ich den Rest eines vorher geordneten Steinkreises mit einem Rest an Steinen, die, wenn es Steine wären, schon längst umgekippt wären, da diese dann keine Bodenverankerung hätten und 5000 Jahre würde kein Stein an der gleichen Stelle stehen bleiben, wegen der Bodenbewegungen, die überall vorhanden sind; aber die Menge der Steine wäre dann am Boden liegend vorhanden. Es fehlen dann 250 Meter lange Steine sowie etwa 125 Meter lange Steine. Das sind von jeder Sorte demnach mindestens 56 Stück! Folglich fehlen hier mehr als 100 Betonummantelungen in verschiedenen Größen. Auch ergibt sich ein Widerspruch aus der verbreiteten Geschichte, die Bauern hätten Stonehenge errichtet, mithilfe von Baumstämmen. Diese Lüge kennen wir schon aus Ägypten, wo Palmen wachsen und keine Eichen. Alle Bäume haben einen verschiedenen Durchmesser, womit brachten die Bauern die Bäume auf den gleichen Durchmesser, im Jahre 3100 vor Christus? Dann hätten die Bauern schon die Kreissäge oder/und die Bandsäge sowie Maschinen aus der Neuzeit haben müssen. Es geschehen noch Zeichen und Wunder, so wahr mir Gott helfe. Jetzt weiß ich, warum auf Baustellen so viel geklaut wird, dort holt man sich das Material, um die Vergangenheit passend zu machen.

In diesem Bild finden Sie drei Zahlen 1, 2 und 3, über die man nachdenken sollte. Die Zahlen 3 ist die Größe des vor ca. 5300 Jahren errichteten Gestelles, daran ersichtlich, dass die Zahl 3 den Ein- und Ausgang bzw. die Ladeklappe des USO-Transporters markieren und noch heute vorhanden sind.

Interessant ist, was man in neuerer Zeit entdeckt hat, da befinden sich drei Löcher, die zugestopft wurden; selbige sind aber an der weißen Farbe erkenntlich, auf dem Parkplatz und diese sind nicht direkt in einer geraden Linie angeordnet, was darauf hindeutet, dass selbige eventuell als Vermessungspunkte, aber sicherlich auf das Sternbild Orion hinweisen; denn dies ist genauso angeordnet.

Merkwürdigerweise ist der Aufbau der Pyramiden der gleiche. Wie ich vorher schon erwähnte, kamen die Ägypter über Stonehenge nach Ägypten; aber dann sind sie an sich keine Ägypter, denn ein anderer Planet ist ihre wirkliche Heimat und dieser ist im Sternbild Orion zu suchen, es ist der mittelste Stern, im Vergleich dazu wäre die Cheopspyramide der Planet, von dem die Ägypter kommen. Würden wir die Neandertaler als Grundstein unseres Daseins ansehen, so wäre das bestimmt falsch, denn die sind bei der letzten Sintflut alle umgekommen, auch wenn sie die „ersten Menschen“ auf diesem Planeten waren; aber die Sintflut hat dem Inzucht treiben wohl ein Ende gesetzt.

Eine interessante Neuigkeit konnte festgestellt werden, in Ägypten, Landkreis Amarna, kann man aus der Luft einen „Brunnen“ sehen, dessen Anordnung täuschend ähnlich dem Stonehenge‘ ist, auch verläuft dort eine Straße in der Wüste, die nicht befestigt ist. Wenn dieser Brunnen nie ein Brunnen war, so hat es kein weiteres Stonehenge gegeben, mit dem Unterschied, dass an diesem Ort keine Reste vorhanden sind. Es ist für Außerirdische an sich kein Problem, an verschiedenen Orten eine Basis zu errichten, von der aus man diese Erde kontrollieren kann. Es ist nur eine Frage, ob man dies auch zulässt und zu welchem Zeitpunkt dies geschah. Es ergibt sich eine gewisse Parallele. Stonehenge sieht etwa genauso aus, aber der Zugang ist hierbei in einer anderen Richtung, in Richtung Osten, wohl etwas völlig anderes als Stonehenge.

Stonehenge/Steelhenge, Teil 4

Nachdem ich in London war und Stonehenge einen Besuch abstatte, kam ich auf die Idee, in Oxford nachzufragen, ob es eine Bibliothek gibt, die Auskünfte über den Bau von Stonehenge erteilt. Da meine Formulierung wohl nicht den englischen Gewohnheiten entsprach, fragte man mich, ob ich studieren wolle, was sich, in Anbetracht meiner Fotos, die ich über Stonehenge machte, erübrigte. Für mich stellt sich eigentlich die Frage: Was will man bei einem Thema über Stonehenge studieren, denn das taten doch schon etliche Personen vor mir, um der Öffentlichkeit mitzuteilen, was sie denn an neuen Erkenntnissen einbringen konnten. Zu sehen sind Steinblöcke, die äußerlich Anzeichen von Rost aufweisen, was den Rückschluss zulässt, dass rostendes Metall im Inneren der vermeintlichen Steinblöcke vorhanden ist. Der Begriff Stonehenge oder auch Steelhenge ist demnach völlig falsch, denn Steine rosten nicht. Wenn Sie also demnach Studien über ein Metallgerüst, welches mit Beton verkleidet ist, betreiben wollen, ist Elektronik im Fachbereich Starkstrom das ideale Studium, da unsere IT-Technik, außer erhöhter Strahlung, bisher keinen nennenswerten Beitrag geleistet hat, da ansonsten kein Kindergarten im Internet Spekulationen als Forschungsergebnisse vorstellen würde. Wegen der hohen Stromspannung, bei sachgerechter Nutzung des Gestelles, kommen Sie zu dem Ergebnis, wenn ich einen Schraubenzieher (Schraubendreher) ohne Griff zur Verfügung habe, kann ich keine Stromleitung berühren; aber wenn der Griff eine Isolation hat, zum Beispiel aus Plastik, dann kann ich damit stromführende Kabel berühren, ohne mich in Lebensgefahr zu begeben. Es stellt sich mir die Frage, was sollten sie dann studieren, am besten Starkstromelektronik und bei der Größe des Objektes wie Stonehenge wird die Starkstromtechnik am geeignetsten sein. Die Aufgabe, die sich einem Studenten dann stellen sollte, wäre, wie kann ich ohne Nutzung von Atomenergie eine Stromart entwickeln, die in einem Mehrweg-Kreisverfahren keinen Abfall erzeugt? Weshalb in einem Kreis? Stonehenge ist in Kreisen aufgebaut, demnach ist ein in sich geschlossener Kreis der Energie, eine Verstärkung der produzierenden Energie, welche den Magnetismus benutzt. Genauso ist es bei der Atomenergie; mit dem Unterschied, dass bei der Atom- und Neutronenenergie Strahlung freigesetzt wird, bei einer Stromverstärkung steigt lediglich die Volt- und Amperzahl. Hieran kann man an sich schon deutlich erkennen, mit was für verschiedenen Methoden von Seiten des Militärs und von außerirdischer Technik das gleiche Problem angegangen wird, abgesehen davon, dass der Atommüll ein Entsorgungsproblem hat, welches weder in diesem noch im nächsten Jahrhundert sinnvoll gelöst wird. Ist in Büchern von Privatpersonen die Rede von der Art der Energienutzung, so findet man an sich nie den Hinweis, es wären atomare Strahlungen vorhanden, im Gegensatz zu staatlich gelenkten Forschungen dagegen liest man fast immer, dass atomare Strahlung vorhanden ist. Eine an sich merkwürdige Begebenheit, wo die doch solche Technik überhaupt nicht verwenden, was den Rückschluss zulässt, hier wird oberflächlich beurteilt, weil die Technik derer nicht bekannt ist und eine Erklärung her muss, um das zu verneinen, was die Bevölkerung gelegentlich zu sehen bekommt. Wir sehen das zur Zeit daran, das Pentagon lässt Videos veröffentlichen, die in den 1960er Jahren angeblich nicht vorhanden waren, was so viel bedeutet, wie, man musste uns belügen, weil das Militär erst „UFOs“ abstürzen lassen musste, um festzustellen, dass die gar keine Atomenergie verwendeten, denn ansonsten hätte es bei den Abstürzen von UFOs eine atomare Explosion und Verseuchung der Umgebung gegeben. An sich genügt ein Strahlungsmessgerät, um festzustellen, ob an der Stelle Radioaktivität in erhöhtem Maße vorhanden ist. Stellt man den „normalen Wert“ fest, so ist sicher, hier ist eine Technik vorhanden, die wir nicht kennen. Messe ich aber die Strahlung, die ich selbst erzeugt habe, wie wollte man dann feststellen, wodurch diese Strahlung denn entstand? Denn uns ist bekannt, der Bezirk 51 ist ehemaliges atomar verseuchtes Gebiet.

Stonehenge/Steelhenge, Teil 5

Im Allgemeinen liest man ein Buch einfach weiter, wenn es spannend ist, Details bemerkt man aber erst, wenn überhaupt, nachdem man es zu Ende gelesen hat. Hierbei fiel mir auf, während ich schrieb, wie ist Stonehenge denn eigentlich aufgebaut worden?

Bei einem Baubeginn etwa im Jahre 3200 bis 3100 vor Chr. gab es noch keinen Kran, der einen Steinblock oder einen Edelstahlträger, der allein pro Stück schon einige Tonnen wiegt, bis zu 60 Meter hochheben konnte, da selbst ein Kran im 21. Jahrhundert, keine 50 Meter hoch ist, um ihn anschließend außerdem noch mit dem Gestell zu verschweißen. Bei der Breite der Brückenteile ist es nicht möglich, einen Kran Teil oben auf dem Gestell zu befestigen, so wie wir es tun, wenn wir ein Hochhaus bauen, da eine Plattform fehlt, auf der man einen Kran befestigen könnte, von daher gäbe es nur eine Möglichkeit, ein Objekt, welches von nur einer Person bedient wird, zu benutzen, damit diese Person nach außen greifen kann, um schwebend in der Luft Tätigkeiten auszuüben, die auf Baustellen üblich sind, hier sei das Verschweißen der Metallträger von immenser Bedeutung, da zum einen dieses Edelmetall bei den Kelten keinerlei Verwendung findet, außer zur Herstellung des Gestells. Es liegen aber keinerlei Überlieferungen vor, die das bestätigen, da ja gesagt wurde, es sind Steine, so die Wissenschaft.

Gehen wir der Entwicklungsgeschichte des Neandertalers nach, so hatte dieser zwar eine Eisenzeit, aber keine Entwicklung zur Herstellung von Edelstahl, solche Funde fehlen uns grundsätzlich. Demnach kann das Erbauen eines an sich so komplexen Gestells wie Stonehenge keine Errungenschaft der Menschheitsentwicklung sein, die dieser Erde entstammen. Folgen wir der weiteren Fertigstellung von Stonehenge, so ist auffällig, hier wird bis zu 60 Meter hoch Beton verwendet, um das Edelstahlgestell zu isolieren, da uns aber im 21. Jahrhundert zwei Ringe des gesamten Gestells fehlen, kommt diese Frage nicht auf, der äußere Ring ist erkenntlich an einem Graben. Ein solcher wäre nicht vorhanden, wenn das Gestell nur aus Steinen bestanden hätte, denn die könnte man keine 60 Meter hochstapeln, weil hierfür die Technik fehlen würde. Gehe ich weiterhin von dem aus, was ich auf diesem Bild sehe, so wäre es an sich logisch, es kann kein größeres Gestell gewesen sein, da man auf solch angeschlagenen Steinbrocken keine weitere aufstellen könnte.

Es ergibt sich aber ein Widerspruch an den Steinblöcken, die sich innerhalb sowie auch außerhalb des noch vorhandenen Gestells befinden, denn die zeigen weitere Anzeichen von Kreisberechnungen an, die demzufolge ohne Erweiterung geblieben wären, was der Theorie von Steinblöcken allein schon widerspricht. Von daher können dies keine Steinblöcke gewesen sein, da sich im Umfeld des noch vorhandenen Gestells Magnetfelder befinden, die nichts mit atomarer Strahlung zu tun haben. Magnetfelder entstehen dort, wo hohe Volt- und Ampere-Spannung besteht. Die Kelten benutzten keinen Strom, es gibt auch keine Überlieferungen dessen. Auch ergibt dann die Theorie zur Feststellung der Sonnenwende keinen Sinn, da andere Pfeiler den Sonnenstrahlen somit im Wege stehen würden, weil ja ursprünglich insgesamt drei Steinringe an sich vorhanden sein müssten, sowie ein kleiner Halbkreis als Herzstück. Dem Neandertaler fehlen in seiner Entwicklung offensichtlich wesentliche Faktoren, um als besonders lernfähig zu erscheinen, ein Eingriff von Außerirdischen ist daher mehr als wahrscheinlich, da uns ja die künstliche Befruchtung seit etwa 1960 bekannt ist. Geklonte Schafe machten damals die Runde, heutzutage werden Menschen geklont. Was wir aus der Vergangenheit her kennen, aber nicht der Entwicklung des Menschen zuordnen können, wird daher Außerirdischen zugeordnet, auch wenn dies nicht allgemein bekannt ist.

Befassen wir uns nochmals mit den Steinen. Da die Brückensteine etwa eine Höhe von zehn Metern haben, wären bei einer Höhe von 60 Metern des äußeren Ringes sechs Brückenstein aufeinander gestapelt nötig. Hierbei setze ich die Größe des Feldes von einem Durchmesser von nur 120 Metern voraus, folglich muss das Objekt einen Durchmesser von 120 Metern haben, da eine Kugelform aber nur zur Hälfte abgestützt werden kann. Bei solch einer Größe für ein Objekt, welches nicht von dieser Erde sein kann, möchte ich doch an sich eine klassifizierte Erklärung, weshalb man hier doch wohl keine Sonnenwende suchte und auch nicht finden konnte; oder all die Forscher sollten sich ihr Schulgeld zurückgeben lassen, wenn sie welches bezahlt haben, oder bisher dem Steuerzahler nur auf der Tasche gelegen haben. Wenn das Militär gutes Metall für die Herstellung von Kriegsschiffen verwendet, so sollte man auch dazu stehen und nicht versuchen, mit Lügen die Zerstörung von Kulturgut anders darzustellen, als es geschah. Es zeigt sich, zum Militär gehen wohl nur die, die ansonsten nur kriminelle Tätigkeiten ausüben. Will ich eine logische Erklärung, für etwas, was auf den ersten Blick als nicht erklärbar erscheint, so suche ich nach weiteren Gegenständen, die dem folgen müssen, da diese Gegebenheit als vorhanden zu bewerten ist. Da die Kelten als Volksstamm zwar bekannt sind, aber in deren Wohnbereich etwas auftaucht, was keinerlei Funktion an sich hat, da weder in den Hünengräbern noch irgendwo anders Höhlenzeichnungen über eine Verwendung des Gestells hinterlassen wurde. Willkürlich gestreute Vermutungen stellen keinen Nachweis über eine konkrete Forschung dar, da kein greifbares Ergebnis vorliegt. Den Nutzen eines solchen Gestells, erkannten die Europäer erst im 20. Jahrhundert, indem unter einer Art Ballon, der sich nach oben schob, große Mengen an Gas von der Bevölkerung verbraucht wurden.

Dieses Gasballongestell ähnelt sehr dem noch vorhandenem Gestell von Stonehenge, nur ist es weniger stabil und hat von daher auch viele Verstrebungen in sich selbst. Wie wollte man ein Metallgestell errichten, wenn weder ein Kran noch ein Flaschenzug noch die Funktion des Schweißens bekannt sind, abgesehen von der Kenntnis zur Herstellung von Edelstahl? Die Bauern von England erklären dies damit, sie hätten Steine auf Baumstämmen befördert, wobei ein Stein das Gewicht von etwa 40 Tonnen oder auch mehr aufbringt, demzufolge die Baumstämme dann einen solchen großen Durchmesser aufbringen müssten, der einer 500 Jahre alten Eiche gleichkommt. Die Schwierigkeit besteht darin, solche Eichen wachsen nicht überall und haben einen so großen Durchmesser, auf dem es fast unmöglich ist, einen Stein zu befördern, da der Höhenunterschied zur Erde überwunden werden müsste, abgesehen von dem Gewicht. Was aber in neuerer Zeit zu beobachten ist, die als Steine bezeichneten Pfeiler, weisen Rostspuren auf, was darauf hindeutet, der Kern der Steine besteht aus Metall und kann von daher kein Stein sein. Man kommt einem Geheimnis erst dann auf die Spur, wenn sich Ungereimtheiten ergeben, hier ist erst die Rede von Steinen. Dann wird entdeckt, selbige fangen innerlich an zu rosten, was zur Erklärungsnot führt. Das Gestell von Stonehenge hat ein Gerüst aus Edelstahl, welches nach der Fertigstellung mit Beton verkleidet wurde. Diese Technik wurde etwa 3700 Jahre vor Chr. angewandt. Die Kelten fanden keinerlei Grund, dies irgendwo als Wandmalerei zu verewigen, was doch mehr als merkwürdig erscheint, im Gegensatz dazu verweisen die Ägypter in ihren Wandmalereien auf das Gestell von Stonehenge. Demzufolge hat es die Kelten zu jener Zeit noch nicht gegeben, was zwar den Geschichtsbüchern demnach widerspricht, aber als Tatsache angesehen werden muss, wenn hier keine Steine verwendet wurden, und dies ist offensichtlich an den Reparaturarbeiten der Betonhüllen. Es stehen keine Internetveröffentlichungen zur Verfügung, über neueste Forschungsergebnisse, die mindestens 100 Jahre alt sein sollten, in denen festgestellt wurde, dass Stonehenge nicht aus Steinen besteht. Um diese Informationen zu erhalten, muss man zumindest in Großbritannien studieren oder studiert haben.

Der Aufbau von Stonehenge

Wenn Sie sich den Rest dessen ansehen, was von Stonehenge noch übriggeblieben ist, so werden Sie feststellen, irgendetwas stimmt hier nicht. Steine, die so stehen, als wenn selbige eine Art Klammer bilden würden, wären, wenn das alles nur so aufgebaut wurde, nach 5500 Jahren wesentlich tiefer im Erdreich versunken, wenn keine Bodenplatte vorhanden wäre. Bei einem Wetter, welches in Großbritannien herrscht, liegt diese Insel zwar in der Strömung des Golfstromes, aber zurzeit sieht es dort sehr regnerisch aus und der Londoner Nebel ist ja auch bekannt. Sieht man demnach all die Unannehmlichkeiten, so ergibt sich folgendes Bild:

Drei Steine haben die Form einer Klammer, was voraussetzt, dass, wenn sie miteinander verbunden sind, und das sind sie, müssen diese auch eine Funktion haben. Demnach muss eine unterirdische Verbindung vorhanden sein, da man eine Grundplatte für ein Gebäude benötigt, welches in sich geschlossen ist und einen Kreislauf ergeben soll, denn ansonsten erfolgt nur eine Erdung bei einem Blitzeinschlag. Ein Stromkreis, der den Strom nur in die Erde leitet, ergibt keinen Sinn in seinem Aufbau. Demnach wäre es auch nicht nötig, wenn nur Steine in einer Art Formation aufgestellt wurden, hier stellt die Formation den Kreis dar, selbige miteinander zu verbinden, denn Steine hätten dann nur einen symbolischen Charakter, wenn sie ein Gebilde ergeben. Demnach hat die Verbindung in einer Art von Kette oder einer Kreisschaltung einen praktischen Grund, der im ersten Moment nicht ersichtlich ist. Sieht man aber das Innenleben der vermeintlichen Steine, so stellen die nach außen erscheinenden Steinblöcke plötzlich etwas anderes dar, die Hülle entpuppt sich als Betonmantel, der den Edelstahl nach circa 5500 Jahren verrosten lässt, welcher im Inneren des vermeintlichen Steines vorhanden ist.

Was mir persönlich auffällt, ist, nach bisherigen Überlieferungen wird gesagt dies seien Steine, aber ein Stein hat keinen Metallkern!

Weiterhin ist der Metallkern mit den oberen Verbindungssteinen, bzw. mit dem Innenleben desselbigen verbunden, was wiederum Metall ist. Demnach sind alle Steine hohl und stellen nur eine Betonhülle dar, die in einem Kreis angeordnet ist. Unterirdisch sind diese Edelstahlgestänge auch miteinander verbunden, was beim Betrachten aber nicht gleich auffällt sowie auch nicht ersichtlich ist. Zum besseren Verständnis habe ich den Teil, der den Metallkern darstellt, noch etwas vergrößert, damit ersichtlich wird, weshalb man Metall unter einem Betonmantel verwendet. Wenn das gesamte Gestell doch nur eine Art Tempel oder Kultstätte gewesen wäre, dann hätte doch ein Betonmantel völlig seinen Zweck erfüllt. Es wäre zwar dann auch die Frage aufgetaucht, woher das Wissen kommt, wie der Beton hergestellt wurde, aber die Wissenschaft hat für alles eine Antwort, auch wenn diese falsch ist. Es stellen sich folglich mehrere Fragen: Woher kommt das Wissen, Beton herzustellen, um diese Betonhüllen zu verwenden, ein Edelstahlgestell anzufertigen. Hierfür benötigt man die Technik des Schweißens, denn die Verstrebungen müssen doch miteinander verbunden werden, außerdem sind Berechnungen anzustellen, das wiederum lernt man nur in einer Schule (wo war die 3700 Jahre vor Chr.) und ca. 6000 Jahre v. Chr. war die Sintflut, wo sollte das Wissen für solch ein Gestell herkommen, wo standen die Schulen für diese weisen Fachleute?

Da wir heutzutage nur noch einen Teil der gesamten Anlage vorfinden, ist es uns im Allgemeinen nicht verständlich, wo denn der hauptsächliche Teil abgeblieben ist. Die Menschheit benutzte den vorwiegend größten Teil für den Bau von Flugzeugträgern. Ob diese dann auch der Menschheit zu Gute kommen, die an sich den Weltraumbahnhof besichtigen wollten, von dem nun nur noch ein geringfügiges Gerippe vorhanden ist, mag man bezweifeln. Wohl denen, die mehr sehen, als vorhanden ist. Hierbei sei erwähnt, dass es keinen Hinweis im Umfeld von Stonehenge gibt, dass dies dort einmal ein Weltraumbahnhof war. Da das Gebilde an sich eine Start- und Landerampe für einen außerirdischen Raumtransporter darstellt, hat man mit der Demontage des Gestelles, ein Stück Weltkulturerbe zerstört. Nun stellt sich die Frage, wer hier die größeren Übeltäter waren? Die Taliban, die IS, die NATO und deren Verbündete oder im Allgemeinen nur das, was wir Militär nennen. Dann fehlt uns nur noch der Spruch: „Weniger ist mehr“, auch wenn wir mehr schaffen, es wird nicht mehr.

Um Ihnen die Funktion des Gestells näher zu bringen, der vorhandene Kreis, stellt den Minuspol dar. Je nach Größe des Raumtransporters, oder auch Mutterschiff genannt, kann das Gestell drei oder mehr Steinkreise haben, wenn der Durchmesser des Objektes auch größer wird. Aber alle Kreise stellen immer wieder nur den Minuspol dar. Jetzt stellt sich von daher die berechtigte Frage, wo denn dann der Pluspol ist?

Sehen Sie sich das nächste Bild etwas genauer an; dann stellen Sie fest, eine Brücke ist höher als die anderen, dies ist der Pluspol. Das Ballgitter stellt den USO-Transporter dar, da es wegen der hohen Geschwindigkeit des Objektes, mir nicht möglich war, dieses fotografisch festzuhalten. Es sei hier noch zu erwähnen, der Transporter ist wesentlich größer, da der Hügel, der um das Gestell herumführt, in einiger Entfernung ist, kaum sichtbar, für den Besucher, da diese immer von dem Gestell fasziniert sind und daher nichts weiter betrachten als die Steine. Wenn man das Ganze aus der Vogelperspektive sieht; dann stellt man fest, in der Mitte sind zwei Säulenpaare, links und rechts sind zwei Säulenpaare, die alle gleich hoch sind; aber in der Mitte dieser insgesamt vier Säulenpaare ist eine Säule, die den noch vorhandenen Steinkreis überragt, und dies ist der Schalter oder auch die Funktion des Pluspoles. Die Briten nennen diesen Teil das „Hufeisen“.

Es fehlen leider zwei noch höhere Kreise, der zweite Kreis war etwa 35 Meter hoch und der dritte Kreis war etwa 60 Meter hoch. Der Durchmesser war demnach 120 Meter insgesamt und hatte also drei Kreise und in der Mitte vier gleichhohe Säulen sowie einen Säulenschalter, der die vier inneren Säulen überragt; der aber noch zum Teil vorhanden ist. Anhand des nachfolgendem Bildes kann man sich dann etwa vorstellen, dass jeder Golfball einen Minuspol darstellen soll (Farbe gelb) und der weiße Golfball ist dann der Schalter. Die angefangenen Kreise sind nicht mehr vorhanden.

Demnach wird in dem Raumtransporter Strom erzeugt, der so stark ist, dass man damit starten und landen kann, sowie die Erdanziehungskraft hinter sich lässt und mit mehrfacher Lichtgeschwindigkeit kurz nach dem Start durch den Kosmos schweben kann, was bedeutet, gleichzeitig stellt diese Energie die Atomenergie in den Schatten, weil sie ohne diese auskommt und nur 15 Minuten benötigt, um 10.000 Lichtjahre zurückzulegen und das alles mit Strom, der so umweltfreundlich ist, dass die Menschheit diesen doch gerne völlig umsonst haben möchte und daher wirre Theorien aufstellt, wie denn der Kosmos aufgestellt ist und wie man die Ressourcen in Zukunft ausbeuten könnte. Bisher ist man dabei, den Mars zu erforschen, mit Mitteln, die im Vergleich zu außerirdischen an das Mittelalter erinnern. Da ist keine Atmosphäre vorhanden und man will Menschen als Himmelfahrtskommando dort hinauf schicken, die anschließend qualvoll ersticken, wenn der Sauerstoff ausgehen sollte. Dass die Perversität solche Ausmaße bereits angenommen hat, ist kaum vorstellbar, noch dazu, wo man die Humanität doch in der UNO mit allen Staaten der Erde fast täglich zum Ausdruck bringt; aber in der Raumfahrt gilt dies wohl nicht. Im nächsten Kapitel wird Ihnen der Beweis geliefert, dass die Wissenschaft nicht forscht, sondern den Interessen des Militärs folgt, was keineswegs immer logisch ist, daher stellen sich auch immer häufiger Misserfolge ein. Erinnert sei hierbei an die Atomkraftwerke, die die Erde mit immer mehr Strahlung belasten und in letzter Zeit, auch des Öfteren mal explodieren. Wenn also mal wieder der Strom ausfällt, so liegt dies eventuell daran, dass mal wieder ein Kessel explodiert ist oder eventuell ein Waldbrand entstanden ist; dann war der Kessel ein Sonderangebot oder ein Geschenk. Politiker sollten sich keinen Atommüll schenken lassen, man hat damit Entsorgungsprobleme, da man zwar Atomkraftwerke stilllegt, aber nicht entsorgt.

Eine Anmerkung sei mir hier erlaubt: Bei erhöhter Stromstärke erhöht sich auch die Ampereleistung, die mit atomarer Strahlung nicht verwechselt werden sollte. Ein Magnetfeld ist kein verseuchtes Gebiet. Wenn ich also Mutmaßungen anstelle, die nicht beweisbar sind, verfälsche ich das Ergebnis. Anhand der Originalfotos können Sie sehen, was tatsächlich vorhanden ist. Weiterhin ist mir aufgefallen, wenn ich das Bild betrachte, zu der Zeit, als ein Teil des gesamten Gestells noch vorhanden war oder es so ausgesehen haben soll, da kann man erkennen, dass Zwischenräume vorhanden sind. Gemeint sind die Abstände zu der nächsten Säule. Eine elektrische Spule hat auch einen Zwischenraum, in dem der Draht eingefädelt wird, und dadurch entsteht ein Elektromotor, folglich ist das Gestell eine Art Elektromotor, da die Magnetfelder im Verhältnis zueinander angeordnet sind. Erzeuge ich zwischen den nachfolgenden Säulen ein Magnetfeld, so entsteht Strom im hohen Starkstrombereich, daher auch das metallene Innenleben der Steine.

Nach dieser Feststellung kann man weitere Rückschlüsse ziehen, da zu diesem Zeitpunkt nur ein Kontinent vorhanden war und da es kein weiteres Stonehenge gab, müssen folglich auch alle 52 Rassen, die diese Erde bevölkern, über Stonehenge dort angekommen sein. Davon ausgehend, dass Atlantis nach denen benannt wurde und die diejenigen waren, die als Raumfahrer tätig waren und somit das, was wir als Leben bezeichnen, nach der Sintflut wiederherstellten, daher ist es nicht verwunderlich, dass wir Statuen in Mexiko vorfinden, die uns zeigen wie diese Personen ausgesehen haben. *Fotos hiervon sind im Internet zu finden.*

Erkennbar ist, dass diese Personen fliegen konnten, die Schleife in Bauchhöhe zeigt, dass sie auch im medizinischem Bereich Kenntnisse hatten. Weiterhin ist ihre Figur eher militärischer Natur als die eines einfachen Bürgers. Wenn man sich die Figur etwas näher ansieht, so erkennt man in Schulterhöhe so etwas, was wie ein Vogel aussieht, aber nur ein Auge hat, wohl aus heutiger Sicht eine Kamera oder zumindest ein Kameraauge. Somit sind Kameras schon seit 3300 vor Chr. in Aktion. Vergleiche ich den Aufbau von Stonehenge vor ca. 3700 Jahren vor Chr., so ergibt sich so ganz beiläufig die Erklärung, wo denn die Bewohner von Nord- und Süd-Amerika herkommen. Gehen wir weiter nach Ägypten, wo auch vor ca. 3500 Jahren vor Chr. die Pyramiden oder besser gesagt der Tempel von Gizeh errichtet wurde. Sehe ich mir die Bauweise der Mayas an, so verwundert es mich doch, woher das Zeitalter des Goldes kommt, da doch circa 6000 Jahre vor Chr. die Sintflut kam und alles vernichtete. Woher soll demnach ein Volk kommen, wenn alles Leben ausgelöscht wurde? Ich errichte mit einem Personal, welches nicht von dieser Erde ist, mehrere Tempel, die auch an die Form von Pyramiden erinnert; aber in sich Fallen hat, die zwar in Form von Mustern angedeutet werden, aber das Wissen geht verloren.

Nehmen wir zuerst das, was uns auffällt, wenn wir etwas sehen und und selbiges als ungewöhnlich erscheint.

Der Löwe hat am Kinn eine Metallstange, die nicht verrostet ist und schon über 5300 Jahre alt ist. Es stellt sich die Frage, wer benutzt nach der Sintflut Metall, welches nicht rostet, baut ein Gebäude, welches mit dem Wasser, das von dem dahinterstehenden Berg kommt und besitzt Wasserpumpen, um das Wasser für Springbrunnen zu nutzen, die Personen, die hier tätig waren, kommen bestimmt nicht von der Erde, da das Bauen von pyramidenähnlichen Gebäuden in keiner Spezies der Neandertaler und seiner Nachkommen vorkommt.

Schauen wir noch einmal zurück nach Peru, dort finden wir Unmengen an Bildern, die ein Plateau zeigen.

Eine Vogelzeichnung hat so etwas an sich, was klar erkennen lässt, dass es an sich kein Vogel sein soll, weil kein Vogel drei Schwanzfedern hat. Die gezogenen Linien sind immer parallel, um über eine Strecke zu schweben, die eine Formation darstellt, um mal nach rechts und anschließend nach links auszuscheren.Es ist somit eine Flugübung, für militärisches Personal. Dieses Personal war demnach am Bau der Tempelanlagen maßgeblich beteiligt. Betrachtet man all die vorhandenen Figuren, so ist an sich ersichtlich, keine Figur wurde so wiedergegeben, wie selbige in der Natur vorkommt. Ein Vogel hat keinen Zick-zack-Hals, ein Affe keinen Schneckenschwanz, aber seine Hände sind wie Bananen, die er gerne verspeist. Weshalb sollten die Figuren also von denen erschaffen worden sein, die lediglich hier angesiedelt wurden, denn die hatten zwar einen Kalender, nur wer vermittelte denen das Wissen über solche Dinge! Es bedarf einer hohen Schule, Astronomie zu erlernen. Gehe ich davon aus, dass die Bewohner eines Landes mit Personen Kontakt hatten, die fliegen konnten, so würde eine Landebahn oder ein Landeplatz doch sinnvoller sein, um zu erwarten, dass diese fliegenden Personen bzw. Götter wieder einmal vorbeikommen würden. Nach meinen persönlichen Beobachtungen sah ich, selbst auf einem Friedhof können diese Personen landen, wobei ein gepflasterter Gehweg völlig ausreicht, um zu landen, und selbiger ist dann keine 50 Meter lang. Vielmehr kommt man zu dem Rückschluss, weshalb sollten die Menschen Schleifspuren errichten, die sie selber nicht benutzen können, wenn von Göttern doch so etwas wie Vollkommenheit erwartet wird, da die weder eine Landebahn benötigen, solche Gebilde aber als Trainingsobjekt benutzen?

Mutmaßungen führen demnach in eine Sackgasse ohne Logik. Wären die Objekte, die diese Bilder zum Trainieren benutzen, Flugzeuge, so würden sie die Kurve nicht kriegen, da selbige zu kurz zum Wenden sind. Ein Objekt, demnach ein USO, kann sich auf der Stelle drehen oder, besser gesagt, sich im Winkel bewegen.

Da zum gleichen Zeitpunkt wie in Peru sowie in Ägypten Personen angesiedelt wurden, die zwar eine unterschiedliche Kultur hatten, aber gleiche Fähigkeiten, sollte man davon ausgehen, dass diese auch mit Außerirdischen in Verbindung standen, genauso wie wir es (nicht öffentlich) tun und daher auch fliegen konnten, siehe Bild.

Da die Ägypter fliegen konnten, die Griechen auch, siehe Ikarus, weshalb sollten dann nicht auch die Völker in Südamerika fliegen können, da bis circa 50 Jahre vor Christus es nur einen Kontinent gegeben hat. Und so weit weg von Ägypten ist Peru oder Mexiko ja auch nicht, nicht zu vergessen, dass auch die Indianer sehr höhentauglich sind, das spricht an sich für sich. Das Fliegen haben die von den Außerirdischen gelernt, da bin ich mir sicher, denn wie wollte man auch im hohen Alter diese Stufen nach oben gehen, wenn man nicht eine Art Hubschrauber hatte, der auf dem Dach landen könnte. Sehen wir uns die Bauweise an, so ist die für Neandertaler nicht üblich. Wenn sich diese in der Welt des nur eines Kontinents verbreitet haben soll, auch wenn diese Pyramidenform erst etwa 5000 Jahre alt wäre, weshalb baut man plötzlich unter und über der Erde, wenn man doch vorher nur in Höhlen lebte und anschließend den Versuch unternahm, mit Pfahlbauten Häuser zu errichten, die über dem Wasser angelegt waren. Hier ist die Voraussetzung gegeben, schwimmen gelernt zu haben, weil unter dem Wohnraum das Wasser vorhanden ist. Das Wesentliche ist aber, einen Sammelplatz zu errichten, um hier nicht etwa Wohnraum zur Verfügung zu haben, sondern einer Person zu huldigen, die so etwas wie eine Führung der Gemeinschaft personifiziert. Diese Person hatte folglich auch Wächter um sich, denn wer würde einer fremden Person vertrauen, die nicht auch aus dem eigenen Stamm hervorgegangen ist? Der Vergleich wäre etwa so zu sehen, ab wann würde die EU einen schwarzen oder asiatischen Politiker als Präsidenten wählen?

Denken wir gemeinsam ein Stück weiter, so müsste der Neandertaler nicht nur Afrika und Europa besiedelt haben, sondern auch Amerika, da es doch laut Forschung zu jener Zeit nur den einen Kontinent Pangäa gegeben haben soll. Nur wäre es dann nicht möglich, von mehreren Rassen zu sprechen, wenn nur das Klima der Grund gewesen wäre, eine Hautfarbenveränderung hervorzurufen. Die Gene eines Menschen verändern sich nur durch spirituellen Fortschritt oder durch Gewöhnung an die Umwelteinflüsse. Desgleichen verhält es sich mit Krankheiten, die ganze Völker ausgerottet haben. Denn es gab wiederholt Personen, die all dies überlebten, nicht etwa, weil sie an etwas glaubten, sondern weil ihre Gene sich verändert hatten. Sehen wir die Situation von heute, so grassiert nicht nur Corona im 21. Jahrhundert, als Folge von Ignoranz und Intoleranz, vielmehr ist bei vereinzelten Staaten klar zu erkennen, hier ist die Korruption stark verbreitet. Im Gegenzug dazu ist erkenntlich, es werden uns keine „natürlichen“ Möglichkeiten angeboten, um sich vor einem Virus zu schützen, obwohl alles dafür vorhanden ist, denn eine „Maske“ schützt nicht vor dem Virus, der in den Lebensmitteln vorhanden ist, auf Grund dessen, dass diese nicht frei von Bakterien und Viren hergestellt werden. Das Problem wird nicht beseitigt, sondern oberflächliche Handhabungen werden stattdessen angeordnet, die klar erkennen lassen, das Virus wird eigentlich nicht beseitigt, vielmehr wird es nur zur Verunsicherung der Bürger benutzt.

Sehen wir uns dazu den Fortschritt der Technik an, so werden wir zur Nutzung von Strom angetrieben, um Geräte zu benutzen, die wiederum weitere Unkosten verursachen, vom Verdienst hergesehen aber sollen wir immer billiger werden, was folglich nicht möglich ist, da nicht nur die Mieten steigen, sondern auch meist die Kosten, die für die Allgemeinheit bestimmt sind. Wie wollen wir demnach einen wirklichen Fortschritt erlangen, wenn wir uns selbst ein Bein stellen, um vorzugeben, alles für das Volk zu tun, aber eigentlich nicht das Wesentliche verändern, wozu wir eingestellt sind? Vergleichen wir die Zeit nach dem Zweiten Weltkrieg mit dem, was wir heute vorfinden, so haben wir laut Statistik nur allein in Europa, eine steigende Kinderarmut, die in Afrika selbstverständlich ist. Von daher fangen wir an, Spenden zu sammeln, um dem entgegenzuwirken, nur es verändert sich nichts. Der Staat braucht Kinder. Nur in Schulen, wo die eigene Sprache nicht klar verständlich ist und ein Ausländeranteil zu hoch eingestuft wird, kommt es zu Fehlentscheidungen, die dazu führen, dass der Lehrstoff nicht ausreichend verarbeitet werden kann, was einem Betrieb gleichkommt, der Arbeiter hat, nur keine Arbeit für diese. Es fehlt in den Schulen der Ausländer Lehreranteil, der die Sprache spricht, die diese Kinder als Muttersprache innehaben, für jedes derer Fächer. Würden wir mit Augenmaß denken und handeln, so kämen wir zu dem Ergebnis, wir können nur so viele Menschen ernähren, wie wir Arbeit haben, und wenn wir anfangen, global zu denken, so wäre das Ergebnis, nicht nur der Export ist entscheidend für das Wohl eines Volkes, sondern auch der Import.

Die Stromfunktion von Stonehenge

Sehe ich mir die Reste von dem an, was noch vorhanden ist und gehe z.B. in eine englische Bibliothek, in der ich eine Encyclopedia Britannica vorfinde, dort ist in der Micropaedia Band römisch 9, mit den Buchstaben Scurlock Tirah, auf Seite 586 im unteren Teil ein Bild zu sehen, es stellt die Oberansicht von Stonehenge dar. Nach den Maßen, die dort angegeben sind, waren es insgesamt mal vier Steinkreise, die einen maximalen Durchmesser von einhundert Metern hatten. Die weiteren Beschreibungen widersprechen den Fotos, die ich 2011 machte, da ist von blauen Steinen und Pferdeschuhen die Rede, aber nach studieren sieht das nicht aus, denn wenn der Aufbau auch nicht von heute auf morgen geht, bei Außerirdischen, da funktioniert etwas, im Gegensatz zu den Menschen im Allgemeinen. Somit möchte ich Ihnen den Aufbau bildlich etwas näher erklären:
Bild 1, das Grundgestell beginnt damit, am Boden eine Stromverteilungsmöglichkeit zu errichten, in der zweiten Phase wurden im 90-Grad-Winkel die Metallverstrebungen angeschweißt.

Es kommt keinem Wissenschaftler in den Sinn, weshalb ein Bauer Metallverstrebungen zusammenschweißen sollte.

Es versteht sich von selbst, dass der Unterbau nicht nur den ersten Ring erreichen sollte, sondern auch den Letzten, nach meiner Meinung bis zu einer Entfernung von 120 Metern, laut Encyclopedia aber nur maximal 100 Meter. Nach dem Verschweißen des Metallgestelles wurden die Betonhüllen angefertigt, das Wissen, wie man Beton zubereitet und wie man Schweißnähte anbringt, hatte man ca. 3700 v.Chr., da die Steine immer einen Hohlraum haben, in dem der Strom der dann vom Transporter übertragen wurde, der auf den Betonhüllen stand.

Eine solche Anlage, die Strom gleichmäßig verteilt, kann man durchaus als umweltfreundlich bezeichnen. Das hat sich aber im Bewusstsein der Stromerzeuger noch nicht rumgesprochen, es fehlt hier wohl die Schulbildung, da deren Initiative immer zum Atomstrom geht, daher auch die Gesellschaft „Euratom, bei denen auch ohne atomare Verseuchung nichts geht. Im Bild oben können Sie sehen, wie das gesamte Gerüst einmal ausgesehen hat, wenn man es von oben sieht. Das untere Bild zeigt den Schalter als gelben Stein. Das schwierigste an sich aber war wohl, die Verbindungssteine bzw. Betonhüllen zu erstellen; denn es sollte ja nicht so aussehen, dass hier jemand startet und landet, und das ist denen bis zum heutigen Tage gelungen. In der Zwischenzeit aber hat die Menschheit das Gestell so weit abgebaut, dass der Zweck kaum noch zu erkennen ist.

Im Querschnitt ist deutlich zu sehen, der Stromkreis ist in sich geschlossen, dadurch, dass unter der Erde, was vor Ort nicht sichtbar ist, mittels der Verstrebungen, die wie die Fahne der Briten angeordnet ist, selbiger eine Kreisverbindung hat. Daher auch die Bezeichnung „der Stromkreis", obwohl es eigentlich mehrere Stromkreise sind, und noch umweltfreundlicher geht es eigentlich nicht. Es gibt Menschen, die dieses Gestell weder erforscht haben noch sich überhaupt Gedanken darüber machten, was für eine Bedeutung in der Arbeit steckte, dieses Gestell, welches heute nur noch zum Teil dort steht, überhaupt zu errichten und sieht und hört man dann die Fehlinterpretationen, welche einem dazu auch noch nebst dem Eintrittsgeld zugemutet werden, so würde ich sagen: Auch wenn Sie nicht der Meinung sind, es gäbe Außerirdische, so ist die Zerstörung von fremden Kulturen, die wir nicht kennen oder zu denen wir

Kontakt haben, kein Aushängeschild von Demokratie. Wenn wir etwas nicht erklären können, so sollten wir es so belassen, wie es ist, um keinen Schaden anzurichten, den wir nicht rückgängig machen können. Kommen wir zu der Wissenschaft, die dazu da ist, eine Erklärung für etwas Unbekanntes zu finden, so ist es nicht jedem Bürger gegeben, um zu studieren und dies nicht nur in der Dritten Welt, die mit Spenden am Leben erhalten wird. Wenn wir gemeinsam der Logik folgen, das Beste aus dem zu machen, was für uns alle als unerklärlich vorhanden ist, so hätten wir bestimmt schon mehr Fortschritt in dieser Welt.

Die Zahlen 1, 2, 3 stellen insgesamt drei Steinringe dar. Die 5 ist das sogenannte Hufeisen, welches aus vier gleichhohen Brücken besteht und einer höheren Brücke, die den Schalter beinhaltet, da alle Kreise den gleichen Pol haben. Wenn Sie also nun immer noch an den Weihnachtsmann glauben, der mit dem Schlitten durch die Wolken schwebt, dann haben Sie vielleicht zu tief ins Glas geschaut. Na dann Prost. Was bemerkenswert ist, woher kommt der Edelstahl und 500 Jahre nach der Sintflut haben Bauern, die doch von Noah völlig zurückgelassen wurden, plötzlich die Idee, ein Metallgestell zu errichten? Wo haben die Bauern das Talent her, Metall zu finden, selbiges Material zu verarbeiten und dann noch Beton zu verwenden, den sie vor der Sintflut nirgendwo verwendet haben, was so viel bedeutet, wie, dass Noah mit seinem Schiff wieder Boden unter den Füßen hatte. Konnten alle Bauern plötzlich mit Metall umgehen und verbrachten ein wahres Weltwunder in Verbindung mit noch nicht bekannter Technik des Schweißens? Es fehlt an sich der Hinweis, wohin denn Noah sich mit seinem Schiff begab, bevor er wieder die Erde mit Tauben beglückte, denn er hatte ja nur zwei davon. Nachdem die Erde völlig mit Wasser bedeckt war, mal ausgenommen die Berge, die etwas höher als 500 bis 800 Meter hoch sind, so erscheint es unwahrscheinlich, wenn nicht sogar unmöglich, dass in England noch oder überhaupt Bauern vorhanden waren, die hoch komplizierte Rechnungen anstellten, ein Hochspannungsgestell errichteten, Schweißarbeiten ausführten, ohne dass uns bekannt ist, was für ein Schweißgerät man dafür benutzt hat, und das gesamte Gebilde, wie groß es auch immer gewesen sein mochte, außerdem noch mit Betonhüllen versahen, wobei das Material Beton zu jener Zeit, noch nicht bekannt war, 3700 v.Chr.! Uns fehlt natürlich auch der Betonmischer! Wenn das Menschen errichtet haben, die Bauern gewesen sind; dann waren die damals schon schlauer als die heutige

Bevölkerung an gleicher Stelle, nur wo haben die sich während der Sintflut aufgehalten? Es gibt keinen Hinweis darauf, denn die Berge im Vereinigten Königreich sind nicht so hoch, wie damals die Sintflut war. Ich persönlich gehe davon aus, dass selbst Noah ein Außerirdischer war, denn er hatte einen heißen Draht, man nennt das auch gute Beziehungen, zu Gott. Der sagte zu ihm, „baue dir ein Schiff", oder sagte er: „Baue dir einen Raumtransporter?", was bei der Menge an Tieren wohl eher sinnvoll gewesen wäre, und Noah tat dies. Ein Schiff kann es nicht gewesen sein, die Menge an Vorräten bzw. Futter würden in nur einem Schiff keinen Platz finden. Der Begriff Schiff bezieht sich demnach wohl eher auf Raumschiff. Da die Kirche aber nur bis zum Tellerrand kam, lautet die Übersetzung dann auch nur so ... Ziehen wir eine spektakuläre Bilanz: Für Stonehenge wurde Edelstahl, Beton, ein Betonmischer und mindestens ein Schweißgerät verwendet, welches uns nicht bekannt ist, es kann sich demnach auch um ein Laserschweißgerät handeln. Diese Technik verwendeten wir erst im 21. Jahrhundert, eine hochschulreife Technik wurde angewendet, um ein Gestell zu errichten, welches Strom aufnimmt und wiedergibt, um einen Raumtransporter starten und landen zu lassen. Weiterhin verwendete man mindestens einen Betonmischer und USOs, um das Material, welches für die Herstellung von Beton nötig war, heranzuschaffen. Man kann, falls dies noch nicht geschehen ist, an den umherliegenden Betonhüllen eine Materialanalyse vornehmen, um festzustellen welche Materialien hier Verwendung fanden. Wollen Sie nun immer noch sagen, Bauern, die nach der Sintflut doch alle ertrunken waren, falls es zu diesem Zeitpunkt überhaupt schon welche an diesem Ort gegeben hat, hätten Stonehenge errichtet? Ich sehe keinen; denn niemand lehrte den Bauern das Schwimmen und Noah hatte keinen Befehl, die Kelten auf höhere Berge zu retten; oder sind Sie schon mal 365 Tage lang zwischen Haifischen geschwommen? Wohl kaum!

Anhand des Bildes ist erkennbar, ein Raumtransporter hat keine Spiegel, dafür Hitzekacheln als Schutzschild; aber die äußere Form ist die Gleiche. Weiterhin ist interessant, diese Diskospiegel kamen in den 60er Jahren auf, zu einem Zeitpunkt, als die Mauer der DDR errichtet wurde. Es ist also auch nicht verwunderlich, dass diese Start- und Landerampen in der damaligen DDR errichtet wurden, nur heutzutage sind es bereits zwei solcher Rampen, die zuerst in England errichtet wurde, dort aber demontiert wurden, zumindest zum größten Teil aber nicht von den Außerirdischen.

Es findet sich immer wieder nach der Betrachtung und Analyse von Stonehenge eine Parallele, hier war Strom der Mittelpunkt, was aber aus den Steinen selbst nicht ersichtlich ist. Weitergehend nach Atlantis wurde auch dort Strom benutzt, zum Heben und Senken der Zufahrtsbrücken und bestimmt auch für die Innenbeleuchtung der Gebäude und zur Aufbereitung von Trinkwasser. Die Griechen benutzten die Solarenergie und die Ägypter verwendeten Gold, genauso wie die Mayas, Inkas und Azteken, nur die Zeitrechnungen, die uns die Wissenschaft heutzutage liefert, lässt zu wünschen übrig. Bei den Mayas sind es die Figuren, welche eine elektrische Funktion hatten, sehr auffällig, denn die haben genauso wie bei den Griechen eine Solarenergieverbindung, desgleichen wurde auch Gold verwendet.

Hierbei ergibt sich natürlich die Frage, wie konnte plötzlich nach einer Sintflut neues Wissen auftauchen, wo man Gold findet und wie man es verarbeitet? Man könnte auch sagen das Hochwasser hätte plötzlich ein Zeitalter des Goldes hervorgerufen, da es ein solches Zeitalter vor der Sintflut nicht gab. Ein Zeitalter, in dem Gold wichtig war, ist uns in Europa nicht bekannt, schon gar nicht 3300 Jahre v. Chr. Auf Grund dieser Tatsache, stellt man sich im Allgemeinen die Frage: Da wurde Metall verwendet und dies rostet nicht, woher haben die Mayas diese Technik? Oder hat hier außerirdisches Militär, so stellte es ein Fan von Herrn Däniken fest, seine Hand im Spiel. *Siehe Bilder im Internet.*

Deutlich sichtbar sind die Zähne, die einem Raubtier gehören, es kommt einem Löwen gleich. Auch nutzte man das Wasser, welches den Berg herabfloss, siehe Hintergrund, und zur gleichen Zeit kannte man schon die Wasserpumpe sowie den Strom und dieses Wissen kann nur von den Atlantern kommen. Atlantis aber lag im Mittelmeer und zu jener Zeit gab es aber nur den einen Kontinent. Die Entfernungen waren demnach kürzer, als sie es heutzutage sind. Folglich konnten diese Personen fliegen, weiterhin hatten sie medizinische Kenntnisse, außerdem sind sie nur leicht bekleidet, des Klimas wegen, von der Größe her aber sind sie riesig. Die Bilder auf den Bergen haben nicht kleine, sondern große Figuren, wobei man davon ausgehen kann, dass die Personen, die fliegen konnten, auch diese Symbole, die sie dort hergestellt haben, benutzten. Dieser „Vogel" ist ideal für solche Personen, die mit USOs im Zickzackkurs schweben; denn ein Vogel hat keinen Hals, den selbiger mehrmals verbiegt. Der Affe, oder was das sein soll, hat im Normalfall keinen Schwanz der eingerollt ist, außerdem hat der Affe nur neun Finger, im Gegensatz zum Menschen.

Auch wäre der Körper eines Affen nicht nur eine Art Strich. Diese und andere Figuren wurden demnach für Flugübungen benutzt, so wie es nicht nur meine außerirdische Tochter tut. Es ist also unwahrscheinlich, dass die Ureinwohner diese Bilder hergestellt haben, da sie von der Erde aus nicht sehen konnten, was sie herstellten, denn für solch eine genaue Bilddarstellung benötigt man eine Maschine. Außerdem würde für ein Bild eine einfache Linienführung genügen. Selbst in der Raumstation, die täglich die Erde umkreist, hat man diese Erkenntnis.

Nun hoffe ich, dass unsere Wissenschaft auch zu der gleichen Erkenntnis kommt. Mitunter können einfache Bilder mehr sagen als viele Worte. So betrachten sie doch einmal den Schwanz des Affen und das Bild eines Aufbaus einer CD, vielleicht fällt ihnen hierbei etwas auf. Mir persönlich ist aufgefallen, solch einen Schwanz hat kein Affe; auch solch einen Körper habe ich noch nie im Zoo oder in der Natur gesehen; aber wenn die Linienführung lediglich für Flugübungszwecke gedacht war und ist, dann spielt die tatsächliche Form an sich keine Rolle. Mit Bestimmtheit kann man sagen, ein Affe hat keinen solchen Schwanz, demnach wurde die Flugroute gespeichert, zum Zwecke der Übung; oder wozu würden Sie etwas speichern, wenn man das Bild nur aus der Vogelperspektive sehen kann! Abgesehen davon hat ein Affe keinen Bananenkörper. Interessant wäre ein vergleich mit Dingen im Kosmos, wie z.B. ein schwarzes Loch entsteht, durch Drehung und magnetischen Kräften, die so wirken wie eine Spirale, die sich ständig dreht.

Solche Affen gibt es in keinem Zoo, geschweige denn in der Natur, von daher hat diese Zeichnung etwas mit Außerirdischen zu tun, denn nur die könnten zu der damaligen Zeit einen Computer haben und ein Objekt, welches schwebt und diese Formen angefertigt hat.

Stonehenge war ein Weltraumbahnhof

Sehen wir uns den Teil an, der vorhanden ist, und dem möchte ich hinzufügen, es ist der Rest, den man stehen gelassen hat, weil man entweder etwas gegen Außerirdische hat oder aber auf Grund der Tatsache, dass diese Aliens den Menschen gezeigt haben, dass sie denen geistig überlegen sind.

Kommen wir zu der Art des Aufbaues! Ein Kreis mit Steinen, die am oberen Ende miteinander verbunden sind, hat nur dann einen Sinn, wenn hier etwas funktionieren soll, ansonsten hätten diese Steine keine feste Verbindung aus Metall, oder anders ausgedrückt, wenn ich einen Kreis errichte, aus welchem Material auch immer, so würde ein jeder Baumeister entweder nur ein Material verwenden, z.B. nur Stein, oder wenn man ein Stahlgerüst baut, so benötigt selbiges eine Art Rostschutz. Im Falle von Stonehenge aber wurde Edelstahl und Beton verwendet, was wir an sich erst in neuerer Zeit verwenden, ich erinnere mich nur an die Fachwerkhäuser, die im Mittelalter erbaut wurden, alles ohne Beton!? Der Betonmantel aber hat an sich eine doppelte Funktion, erstens schützt selbiger vor Rost und außerdem isoliert dieser den Starkstrom, den das Mutterschiff (=Raumtransporter) beim Landen und Starten als Stromkreis benutzt. Das Ganze ist demnach nicht nur eine Start- und Landerampe, sondern auch ein Stromkraftwerk. Es nutzt die Magnetfelder, die sich im Raumschiff befinden. Weiterhin sind diese vermeintlichen Steine, an sich nur ein Betonmantel, der über ein Metallgestell gestülpt ist und ist von daher, eine Starkstromisolation.

Offensichtlich an diesem Bild ist, im Vordergrund liegt ein Teil einer Betonhülle, das Braune, was aus dem Rasen herausragt und im Betonmantel verschwindet, ist der Edelstahl, der ca. 5500 Jahre alt ist. Bei intensiverer Betrachtung stellt sich dann die Frage, weshalb eine Steinverbindung am oberen Teil des Ringes nötig ist, aber der Logik folgend kann es nur eine Metallverbindung sein, da der Stromkreis geschlossen sein muss. Folglich ist auch eine Stahlverbindung unter der Erde nötig.

Bevor ich diesen nur noch halbfertigen Kreis zu Fuß umrundete, nahm ich einen Kompass und schaute gelegentlich, ob sich die Nadel in eine andere Richtung bewegt. Es dauerte nicht lange, so war in einer kurzen Entfernung seitlich von dem Rest des Gestelles ein kleines Schild am Boden, auf der Wiese zu sehen und genau in diesem Moment veränderte die Nadel im Kompass ihre Richtung. Dies ist nur dann möglich, wenn ein Magnetfeld in unmittelbarer Nähe ist, welches von der Richtung des Nordpoles ablenkt.

Das Magnetfeld war zu diesem Zeitpunkt unter der Erde, in Form einer Verstrebung, die dem Betrachter als Rest von dem heutigem Stonehenge verborgen bleibt, da wir nicht unter die Erde sehen können. Man sieht auf dem Foto deutlich im Vordergrund das Schild auf dem Rasen und im Hintergrund, zuerst achtlos liegengelassene Hüllen mitgenommener Innenteile, die so wertvoll waren (Edelstahl), dass sie zwar zu rosten anfangen, dies wiederum sieht man an den bräunlichen Verfärbungen der Betonmäntel. Es stellt sich also demnach die Frage: Wenn das alles nur Steine gewesen sind, was wollte ein Bauer mit solchen Steinen, die ja gar keine Steine sind! Eine Betonhülle kann ein Bauer nicht verwenden, um einen Schuppen zu bauen, auch gibt es im Vereinigten Königreich von Großbritannien keinen Bauernhof, der solche Betonhüllen, jemals verwendet hat. Der Grund, weshalb die Nadel auf dem Kompass ausgeschlagen hat, ist der, unterirdisch liegt in dieser Richtung eine Art breite Metallschiene bzw. eine Metallverstrebung, die zu einem weiteren Kreis führte, der nicht mehr vorhanden ist und von dort bis zu einem Durchmesser von 120 Metern.

Stonehenge hatte insgesamt drei Kreise und der 5er-Innenteil, der hier nur als Mittelpunkt weiß sichtbar ist, wäre dann noch ein solches Edelstahlgerüst in Kreisform, also insgesamt bestehend aus drei immer größer werdenden Steinkreisen mit Edelstahlgerüsten. Um Ihnen eine Vorstellung von dem gesamten Aufbau zu geben, habe ich dies mit Plastikbausteinen versucht nachzubauen.

Der dritte Ring, an den drei äußeren Säulen erkennbar, ließ sich nicht mehr erstellen, da mir die nötigen Steine fehlten. Aus der Vogelperspektive sieht das ganze wie die Flagge vom UK aus, denn an sich muss ja die Tradition eines Staates auch auf der Flagge zu sehen sein, denn die Landung von Außerirdischen, um einen Planeten zu bevölkern, war im heutigen England. Atlantis war die Insel im Mittelmeer, die zuerst besiedelt wurde, von dort aus schwebte man zuerst wohl nach dem jetzigen Ägypten und

nach Mexiko sowie nach Südamerika, um sich zu verewigen und dies ist gelungen.
Daran kann man sehen, dass die Ägypter vom Sternbild Orion kommen und sich nicht erst in Ägypten entwickelt haben. Vergleicht man andere Bauten aus dem Altertum, so sollte man immer auf die Art und Weise achten. Diese steht immer mit einem Sternbild in Verbindung, was so viel bedeutet, wie dass nicht nur der Dalai Lama ein Sternbild hat, welcher selbiger Ursprung ihres Daseins ist, auch andere Völker, wie die Maya (= die Materiellen), die Inkas (abgeleitet von Inkarnation). Zu bemerken sei, aus der Vogelperspektive kann Wiedergeburt und Azteken (wohl eher Asketen = sexuell enthaltsamen Menschen), mittels einer Sichtweise aus der Vogelperspektive, auch auf ihr Sternbild hinweisen. Die letzteren drei hatten einen kleinen König, der auf Grund seiner Komplexe, der war, welcher über Zeus herfiel und das Unglück der Teilung der Kontinente hervorbrachte. Vergleichen wir das mit der Neuzeit, so kann man feststellen, das Ego ist bei vielen Politikern die Hauptsache, weshalb selbige als Regierungschef(in) tätig sind, was aber nicht im Sinne des Volkes ist.

Ich frage mich, wie haben die Ägypter die Pyramiden errichtet, während die Europäer noch mit der Keule durch die Wälder rannten? Die einen haben einen Tempel errichtet, der eine so genaue Präzision an sich hat, die wir im 21. Jahrhundert noch nicht erreicht haben. Sie nennen dies die Pyramiden; aber im Wissen dessen, dass diese drei sichtbaren pyramidenförmigen Bauten im Sockel breiter sind als die sichtbare Form, ergibt das Gesamtbild eine andere Form als eine Pyramide. Selbst Jesus nannte dies den

Tempel des Herrn, denn er selbst verscheuchte die Geldwechsler von dort. Es stellt sich demnach die Frage: Auf welchem Bewusstseinsstand der allgemeinen Verunsicherung stehen die Europäer, wenn sie sagen, in Ägypten stehen Pyramiden. Diese damaligen Ägypter sind an sich Aliens vom Sternbild Orion. Wie kommt man zu dieser Feststellung? Welches Sternbild hat die gleiche Anordnung wie die Aufbauten in Gizeh? Es gibt nur ein Sternbild, welches die gleiche Ordnung in sich hat, das Sternbild Orion und die Sternwarten dieser Erde beobachten mit Genugtuung, wie sich solche Situationen fast täglich wiederholen. Es handelt sich hierbei natürlich nicht nur um Aliens aus einem Sternbild oder nur einer Galaxie, denn hier auf dieser Erde gibt es 52 verschiedene Rassen, demnach gibt es mindestens 25 verschiedene Planeten, von wo diese Menschen eigentlich herkommen.

Bildbetrachtung Stonehenge

In dem folgendem Bild sind Dinge ersichtlich, die offensichtlich einen Fehler oder eine Fehlinterpretation erkennen lassen.

Ein innerer Halbkreis, auch Hufeisen genannt, hat vier gleichhohe Steinsäulen, die in sich selbst wiederum aus drei Steinen bestehen, so sieht es zumindest ein Betrachter im ersten Moment. In der Mitte des hufeisenförmigen Gebildes steht wiederum eine dreieilige Säule, die alle anderen Steinsäulen überragt. Weshalb ist dies wohl so? Es ist keine Bank oder Sitzfläche vorhanden, auf der ein Oberhaupt Platz nehmen könnte, daher verwundert es mich, wie hier eine Möglichkeit der Opferung vorhanden wäre. Weiterhin sind kurze Steine sichtbar, die dicht beieinander zwischen dem äußeren und dem inneren Kreis stehen, als ob es

Grabsteine wären, nur wurde hier niemand begraben. Wäre nicht in einiger Entfernung noch ein Hügel vorhanden, dem niemand Aufmerksamkeit schenkt, weil selbiger sich um den gesamten Aufbau erstreckt, so könnte man glauben, das, was zu sehen ist, war dann schon alles, aber geben wir auf das „I“ noch das I-Tüpfelchen, dann sehen wir völlig abgeschieden ein Gebilde, welches so gar nicht in die Landschaft passt, siehe Foto rechts, oberes Bild.

Dieses Steingebilde steht völlig zusammenhangslos am Rande, als wolle es sagen: Was habe ich denn damit zu tun? Sie haben recht, gar nichts, es besteht kein Zusammenhang, wohl ein Silvesterscherz außerhalb der Wirklichkeit; aber das Gebilde ist vorhanden ... Nun fehlt zur Vervollständigung von dem ursprünglichem Stonehenge an sich nur der Hinweis, den „Rest“ dessen, was vorhanden war, hat man entfernt. Für spätere Forscher sei dann der Hinweis anzubringen, ein „galaktisches Rätsel“!

Wenn ein Hügel ein Kreisgebilde umgibt, mit einer Art Zugang der wie eine Einfahrt auf ein Grundstück aussieht, so sollte dies dann so etwas wie eine Wasserstelle sein; aber es befindet sich kein Fluss an diesem Ort, auch war dort nie ein Fluss. Wie kann man sich dem so sicher sein? Würden Sie ein Metallgerüst im Wasser errichten oder auf festem Boden? Die Frage ist wohl einfach zu beantworten. Und jetzt kommen Sie zu Wort, wieso ein Metallgerüst, da stehen doch Steine! Ja, oberflächlich gesehen haben Sie recht; aber lassen Sie sich doch mal das Innenleben der Steine zeigen, sie finden einige Bilder von dem, was man im Allgemeinen nicht sieht, in diesem Buch. Der Unterschied ist gravierend. Ein hohler Stein mit einem Edelstahlkern, auch der rostet, so was hat die Welt noch nicht gesehen und Parkbänke hat keiner zur damaligen Zeit aufgestellt, wohl deshalb, weil das Konzert, was man dort erlebte, wenn ein Transporter startete oder landete, so laut ist, dass Woodstock wohl noch Zimmerlautstärke war. Leider ist es heutzutage nicht mehr möglich, ein solches Spektakel direkt mitzuerleben, obwohl solch ein USO-Konzert alle 14 Tage stattfindet. Die Beobachtungen, die ich im Jahre 2016 machte, finden Sie in einem anderen Kapitel. Zu einer Zeit, als ich im DDR-Gefängnis länger als nötig festgehalten wurde, sah ich das gleiche Phänomen; aber völlig lautlos, indem die Häftlinge sagten: „Jetzt wird der Ofen abgestochen.“ Damit war gemeint, die Stahlwerker wären gerade bei der Arbeit und beendeten ihre Schicht. Ob dem ein Lärmpegel folgte, kann ich nicht mit Bestimmtheit sagen. Es kann sich eventuell wie ein Flugzeug angehört haben, was nicht zu sehen war. Die Möglichkeit eines nicht hörbaren Starts sollte man aber bevorzugen, da ich lediglich ein Mal innerhalb von 67 Jahren solch einen Start bewusst miterlebt habe und das während eines Gewitters. Ein Irrtum ist ausgeschlossen. Das Ganze hört sich dann so an, als ob ein starkes Gewitter aufzieht und es blitzt und donnert gewaltig. Aber merkwürdig an den Blitzen ist, die schlagen nirgends ein, demnach sind sie so etwas wie eine elektrische Aufladung der Luft. Dann, kurze Zeit später, hört es sich an, als ob jemand Bowling spielt und das zwei Mal hintereinander ... ein normales Gewitter hört sich anders an. Es wäre nicht das erste Gewitter, welches ich in meinem Leben mitgemacht habe. Was auch bemerkenswert ist, es liegen ein paar Betonmäntel achtlos neben den aufrechtstehenden „Steinen", die aber als Steine angesehen werden und als solche auch in den Kommentaren aller Weltsprachen so beschrieben werden. Für mich ist dies eine bewusste Irreführung der Menschheit.

Was im Allgemeinen auch übersehen wird, ist bei der Sicht aus der Vogelperspektive, dass der Kreishügel, ersichtlich an der Zahl 3, die die Größe des Transporters an sich darstellt, was keinerlei Beachtung findet. Der Durchmesser des Außenringes, welcher den Hügel darstellt, ist demnach der Durchmesser des Transporters und ist daher nicht der Durchmesser des noch vorhandenen Gerüstes von Stonehenge, denn selbiges ist kleiner.

Taj Mahal,Teil 1

Waren Sie schon einmal in Indien und haben sich die wundervollen alten Bauten angesehen? Es fasziniert mich immer wieder, wie man mit einfachem Werkzeug so wunderbare schöne Kunstwerke errichten kann. Im Gegensatz zu unseren nur wenig zweckmäßigen Hochhäusern, die mitunter noch nicht mal völlig ausgebucht sind, erscheint es mir, dass in Indien, in dem Land, wo eine Säule steht, dieses Material erst in der Neuzeit, ca. 1985, entdeckt wurde. Was den Rückschluss zulässt, dass dieses Objekt, mal so etwas wie eine fliegende Untertasse war. Wie komme ich darauf? Das ist an sich ganz einfach. Schauen Sie doch mal ins Internet, unter UFO-Abstürze. Dort werden Sie vom KGB-Russland einen Videobeitrag finden, der genau zeigt, wie ein sogenanntes UFO zum Absturz gebracht wurde. Die Person ähnelt der in den USA in den 50er Jahren, wo auch einmal ein solches UFO abgestürzt sein soll. In der Neuzeit kommt so etwas seltener vor, auch gibt es verschiedene Arten selbiger. Um Ihnen diese alle vorzustellen, bedarf es eines enormen Zeitaufwandes. Kommen wir zu dem Prunkbau Taj Mahal, so verwundert mich doch die Tatsache, indem ich Wasserwege vor meiner Tür habe, aber erst einen Fluss überqueren müsste, um baden zu gehen. Wir können die Tatsache nicht leugnen, dass dort ein Springbrunnen nebst Garten vorhanden ist; aber für wen war selbiger gedacht? Noch dazu der Umstand, einen Fluss überqueren zu müssen, schwimmend oder mit dem Boot; oder wurde selbiger wegen einer Göttin errichtet? Alles deutet darauf hin, dass der Bauherr, der Taj Mahal erbauen ließ, einer telepathischen Eingebung folgte; denn es gab bis zu diesem Zeitpunkt noch nirgendwo auf dieser Erde ein Gebäude, welches solch ein Echo erzeugte. Medial veranlagte Personen können dort auch ein Echo erzeugen, welches bewirkt, dass tatsächlich außerirdische Personen sich anschließend bei dem Medium bemerkbar machen, im günstigsten Falle sogar mit diesem eine Familie gründen, weil deren Seele mit dieser Art von Außerirdischen verwandt ist.

Der skeptische Wissenschaftler würde jetzt fragen, was hat Taj Mahal mit Außerirdischen zu tun? Es gibt eine einfache Erklärung für einfach Dinge. Weshalb sollte ein Baumeister ein „Echo“ in seinen Räumen einbauen, wenn selbiger von seinem Glauben her nicht auch kosmisch denkt, d. h. seine Werke sind eins mit dem Kosmos und die natürlichen Dinge, wie Berge, Täler und die damit verbundenen Erscheinungen, entstehen nicht zufällig. Unsere Wissenschaft aber begrenzt sich auf die Entstehung der Erde, dem folgt dann der Affe, verschiedene Eiszeiten entstehen, eine Sintflut entsteht, die Saurier starben aus, aber innerhalb von ca. 6000 Jahren entstehen keine 52 verschiedenen Menschenrassen; oder anders ausgedrückt, es dauerte keine 1000 Jahre nach der letzten Sintflut und es sollten 52 verschiedene Rassen vorhanden sein! Das geht praktisch nicht, ohne dass jemand nachhilft. Denn wenn jegliches Leben ausgestorben ist, kann keine Völkerwanderung stattfinden, da niemand vorhanden ist.

Kehren wir zum Taj Mahal zurück und sehen wir die Tatsache des Springbrunnens auf der gegenüberliegenden Seite, so kann dies ein Hinweis darauf sein, wer hier die Idee aufkommen ließ. Auch ist selbiger nicht nur für eine Person gebaut; denn die Größe des Springbrunnens deutet darauf hin, dass dieser nicht nur für eine Person gedacht war. Eine Erklärung: Ein Baumeister schafft einen Tempel mit Springbrunnen, wobei erst ein Heiliger Fluss überquert werden muss, um baden zu gehen, mit der Tatsache eventuell könnte auch das Boot kentern, ist an sich eine lebensgefährliche Situation und kann wohl kaum Sinn und Zweck dieser heiligen Stätte sein. Bedenkt man den Aufwand, der betrieben wurde, um das Bauwerk zu errichten, so stellt sich die Frage, weshalb wurde der Springbrunnen nicht direkt hinter dem Taj Mahal errichtet, ohne den Fluss zu überqueren, was bestimmt einfacher gewesen wäre, demnach muss es einen anderen Grund dafür geben, weshalb ein Springbrunnen oder besser gesagt ein Bad dort errichtet wurde. Der Weg oder die Straße, die vor dem Springbrunnen entlangführt, geht direkt zu einem kleinem Häuschen. Sieht man das ganze aus der Vogelperspektive, so könnte man sagen, die Straße wurde als Landebahn benutzt und dies erklärt dann auch das Bad. Vorausgesetzt, diese schmale Straße war auch damals schon vorhanden. Betrachtet man dann auch noch den symmetrischen Aufbau, des folgenden Gartens, so wurde dort Landwirtschaft betrieben. Es müssen demnach mehrere Personen gewesen sein, die dort lebten. Zum Vorschein gekommen sind in der Zwischenzeit Gebäude, die auch andernorts eine gleiche Bauweise haben. Demnach hat es zu jener Zeit in Indien an verschiedenen Orten Außerirdische gegeben.

Ich fand im Internet die Lösung, wobei zu erwähnen sei, die Form eines Gebäudeteiles stellt den Einfluss dar. Woher die Idee kommt? Etwa so, wie ein Autor im Quellennachweis am Ende seines Buches Auskunft gibt, woher seine Informationen stammen. Im Gegensatz zu Flugzeugen benötigen UFOs (USOs) keine breite Landebahn, da selbige nur einen Durchmesser von 3,14 Metern haben. Es gibt aber auch welche, die haben einen noch kleineren Durchmesser. Sieht man das gesamte Gebäude durch einen Torbogen, so würde ich sagen, die Idee für das Gebäude oder besser gesagt selbiger Baustile kommt von einer Frau, die verhüllt ist. Ob diese Frau von der Erde stammt, ist noch fraglich, denn der Name Allah (=Gott) erscheint nicht als Baumeister. Nehme ich nur die Silhouette, so taucht sogleich der Gedanke auf, wessen Kopf soll er nicht sehen, d.h., jemand will unerkannt bleiben, obwohl diese Person vorhanden war. Es kann sich hierbei natürlich auch um eine Nonne handeln, die aber nicht von dieser Erde war. Sehen wir weiterhin das Element „Wasser" als geistiges Element oder Trennungselement, so war diese Person, die die Idee vom Taj Mahal hatte, auf einer höheren Evolutionsstufe als der Architekt selbst, der das Bauwerk plante. Das Ganze hat für uns Menschen symbolische Bedeutung und diese Frau, die telepathische Fähigkeiten besaß, führte somit ein paralleles Leben zum Taj Mahal, denn wofür errichte man nachträglich einen Springbrunnen, wenn neben dem Gebäude genügend Platz ist, ein Bad zu errichten; oder noch einfacher, weshalb plane ich das Taj Mahal, um neben selbigem das Gebäude ein Bad nebst Gärten zu errichten. D.h., das Wasser (der Fluss) trennt das Taj Mahal von dem Garten nebst Springbrunnen. bzw. zieht man den gesamten Komplex weiter vor, um keinen Fluss überqueren zu müssen.

Man sollte bei der Art des Baustiles etwas Vollkommenheit voraussetzen, denn wenn ich in dem Gebäude ein Echo erzeuge, so bezwecke ich etwas, was in der Umgebung des

Tempels nicht vorhanden ist, aber in der Natur vorkommt. Gleichzeitig zeige ich mit der Fertigstellung des Gebäudes, wenn die Personen, die den gleichen Hintergrund der Seelenwanderung haben wie dieser Architekt, dann erkennen die, weshalb dieser Tempel überhaupt errichtet wurde. Demnach halte ich es für möglich, dass eine außerirdische Frau erst nach der Planung vom Taj Mahal auftauchte, um den Einfluss, der telepathisch erfolgte, zu erweitern, indem hinter dem Fluss weitere Gebäude entstanden, sowie Gärten zur Ernährung selbiger. Die Genialität des Bauwerkes liegt an sich in dem Echo, welches innerhalb vom Taj Mahal erzeugt werden kann. Wenig Beachtung finden die vier Türme seitlich des Hauptgebäudes, die man beim Flugverkehr verwenden würde; selbige würden als "Leuchtfeuer" dienen, des Weiteren verwundert mich, weshalb keine Brücke mehr vorhanden ist. Die Wasserspiele, die zum Taj Mahal hinführen, sind wie eine Parallele angeordnet; man könnte auch sagen, wie eine Schiene. Wenn ich die Parallele zu allen Sinnen kenne, dann höre, sehe, schmecke, rieche ich auch Dinge, die einer Notwendigkeit entsprechen in geistigem Verständnis. So kann ich mitunter sehen, wenn es morgen regnet, schmecken, wenn ein bestimmtes Essen für mich gesünder ist, da der Körper gerade diese Art von Vitaminen benötigt; oder ich sehe den Zug bzw. seine äußere Form, der in ein paar Minuten kommen wird, obwohl selbiger noch gar nicht sichtbar und noch ein paar Kilometer entfernt ist. Das Ganze nennt man Parapsychologie, eine Parallele zur Psychologie. Dieses faszinierende Gebäude Taj Mahal könnte man auch fast wörtlich übersetzten, indem Taj (=touch,berühren), Ma (=Mutter), hal (=Halle/Echo) sinnbildlich übersetzt, berühre Mutters

Echo. Demnach hatte der indische Baumeister eine außerirdische Frau, die ihn telepathisch lehrte. Mir geht es genauso. In europäischen Kreisen würde man sagen, der Mann hat eine Affäre; aber haben Sie schon mal eine Affäre mit einer unsichtbaren Person gehabt? Das versuchen Sie doch mal jemanden zu erklären.

Ich hoffe, die Leser und Leserinnen nicht zu sehr verwirrt zu haben, das Buch ist noch nicht zu Ende.

Taj Mahal, Teil 2

In neuerer Zeit entdeckte man, wenn man den Fluss hinter dem Taj Mahal überquert, einen Springbrunnen. Nun stellt sich die Frage, für wen denn der Springbrunnen geschaffen wurde, oder, besser gesagt, wer selbigen hat errichtet lassen! Um ein Bad zu nehmen, hätte man ja auch im Garten vor dem Gebäude die vorhandenen Wasserläufe benutzen können. Um aber zu dem Springbrunnen nebst Obst- und Gemüsegarten zu gelangen, hätte man eine Brücke überqueren müssen, die zurzeit nicht mehr vorhanden ist. Mir persönlich stellt sich die Frage, für wen war dieser Springbrunnen und wofür hat man selbigen erbaut? Um den Garten zu bewirtschaften, der hinter dem Fluss noch vorhanden ist, bedarf es Personal, es gibt aber keine Überlieferungen, die dies bestätigen! Die Schlussfolgerungen, die sich daraus ergeben, sind: Hatte der Architekt zwei Frauen, wobei eine von beiden nicht von dieser Erde war? Zu dieser Annahme komme ich deshalb: Zu einem Zeitpunkt, als ich in Indien war, hatte ich eine Vision, nachdem ich das Taj Mahal besuchte, indem ich gedanklich ein Echo in dem Raum erklingen ließ, welches die geistige Situation im heutigen Indien darstellt. Dies ist der Raum, wo die große Kuppel das Echo wiedergibt. Es ist verboten, dort ein Echo zu erzeugen. Bemerkenswert ist, die Kuppel gleicht einem Bienennest, diese Art von Bienen sind sehr gefährlich und z. B. nur in der Nähe von starker atomarer Strahlung zu finden.

Nun findet man heutzutage natürlich schnell jemanden, der das alles erklären kann, denn für Geld tun die Menschen alles! Sie fälschen Urkunden, verdrehen Tatsachen und haben für alles eine Erklärung. Nur eines vergessen sie: die Wahrheit.

Mir passierte folgendes; nachdem ich in Ägypten und Indien war, arbeitete ich bei einer Sekte in der Schweiz und in Österreich. In der Schweiz bemerkte ich, dass etwas Außerirdisches sich über mir bemerkbar machte. Es ging sogar so weit, dass ich einer Silhouette auf der Straße begegnete, die völlig durchsichtig war und nur die Umrisse der weiblichen Person zu sehen waren. D.h., die Person war als solche nicht erkennbar vom Aussehen her; aber sie gab zu erkennen, von welchem Geschlecht sie war. Da ich zwischen der Schweiz und Österreich zeitweise pendelte, wegen der Aufenthaltsgenehmigung, und diese Sekte meinte, sie müsse dies ausnutzen, da ich keine Arbeit hatte, wollte man außer meiner Arbeitsleistung auch Erfindungen, die ich nebenbei als Zeitvertreib erstellte, als Gegenleistung, obwohl die Finanzkasse Berlin-West monatlich dafür 700.- DM bezahlte, um meinen Aufenthalt dort zu finanzieren.

Nun passierte dort folgendes, eines Mittags, als die Sonne schien, landete hinter dem Haus etwas, was niemand sehen konnte, und blendete die Rückseite des Hauses. Zu diesem Zeitpunkt hielten fast alle dort anwesenden Personen Mittagsschlaf und das Fenster, welches meinen Blick auf die Rückseite erlaubte, war aus Milchglas, somit konnte ich nur bei geöffnetem Fenster sehen, was dort vorging. Da das Fenster aber geschlossen war, sah ich nur, dass es sehr hell wurde für einen Augenblick, demnach konnte es sich nicht um eine Explosion, sondern nur um eine Spiegelung handeln. Auf Grund dieses Lichtes erblindete dort die „Person", die sich als „GURU" ausgab; aber in meinen Augen nur ein Scharlatan war; denn wer sich für das Geld anderer als GURU ausgibt, hat kein besseres Los verdient. Der Ort des Geschehens war in Österreich, wo der ehemalige Deutschlandführer herkommt (Adolf Hitler). Man hat wohl nichts dazugelernt.

Um ihnen den Sinn eines heiligen Bauwerkes zu erklären bedarf es eigentlich nur der Demut. Eine eiserne Säule, die innerhalb von 5000 Jahren nicht rostet, kann keine eiserne Säule sein; denn sie besteht aus Titan und Titan rostet nicht. Der Begriff „eiserne Säule" ist demnach falsch. Eine Pyramide, die unterirdisch einen angeschrägten Keller, bzw. ein Kellergewölbe hat, kann demnach auch keine Pyramide sein, folglich haben wir auf dieser Erde auch keine Pyramiden, denn die Keller von den „Pyramiden" in Ägypten haben die gleiche Form wie der Tempel der Akropolis. Noch deutlicher wird es, wenn wir die Forscher der Neuzeit befragen, die in den Pyramiden Nachforschungen anstellten, auf Grund von Hinweisen, dass die Pyramiden unterirdisch Verbindungsgänge hätten. Dort stellte man fest, wenn man die neu entdeckten Räumlichkeiten (ab den 80er Jahren) betritt, spürte man so etwas wie ein Erdbeben. Demnach sind die Personen, die dort bestattet wurden, genau zu dem Zeitpunkt verstorben, als Atlantis versank. Sie waren nicht das Volk des Pyramidenbaues, denn die standen zu diesem Zeitpunkt schon; oder mehrere Personen hätten dann aus verschiedenen Ländern, wie Ägypten, Griechenland und Atlantis, gemeinsam diesen riesigen Tempel erbaut, der sogar über eine eigene „Blendungsanlage" verfügte, die dann von Außerirdischen so wie in Österreich mit Licht geflutet wurde (die Cheopspyramide etc.), um die Personen zu bestrafen, die nur an Gold interessiert waren. Es gab in Ägypten auch einen solchen König, der hat seine Frau in Lebensgröße in die Wand meißeln lassen, wohl, nachdem er erblindete, um nicht an die Falsche zu geraten. Vergleichen wir dann auch noch Stonehenge, so kommen wir zu dem Schluss, auch dort sind keine Steine zu finden, auch wenn dies so aussieht. Es ist keine optische Täuschung; aber Steine sind es auf keinen Fall, denn Steine rosten nicht. Möchten Sie sich mit der oberflächlichen Tatsache zufriedengeben, ein Architekt hätte einen Tempel gebaut, der so viel mystische Realitäten in sich hat, wie wohl kein zweites Gebäude? Nun stellt sich nach all den Lügen die Frage: Was wird damit bezweckt? Es gibt eine einfache Antwort auf all dies, die „oberen Zehntausend" möchten etwas gebildeter wirken, denn ansonsten würden wir bemerken, wenn selbige unsachlich werden und anfangen, sich zu widersprechen.

Interessanterweise habe ich vor kurzem, im Herbst 2015, das Schloss Sansosussi in Potsdam (Deutschland) besucht und da fiel mir auf, wenn man von der Rückseite herab auf die Straße schaut, sieht man einen mehrstufigen Springbrunnen. Der Architekt hat dies wohl vom Taj Mahal abgeschaut oder hatte selbiger auch außerirdischen Einfluss bei seinen Werken? Mit einem Springbrunnen kann man zeigen, auf welcher Stufe man steht, was so viel bedeutet wie das, was ich hervorbringe, habe ich nicht in der Schule gelernt, aber es ist wahrhaftiger in seiner Wirklichkeit als dies, was andere als Theorien hervorbringen, die sich ständig widersprechen. Nehmen wir das Wortbeispiel „Pyramide", hier stecken mehrere Wörter in einem Wort! „Py" sollte man als eigentlich als <u>Pi</u> schreiben, denn die Außerirdischen verwendeten dieses Maß in ihren Berechnungen.

Der Begriff RA ist für die Sonne und den Sonnengott „Ra", der Wortteil "mide" kommt bestimmt nicht von müde, sondern vielmehr von der Maßeinheit Mü oder wird auch als Mikromillimeter bezeichnet. Begnügen wir uns mit Vermutungen, dann gibt es tausende Erklärungen, gehen wir der Sache auf den Grund, sollte immer das gleiche Ergebnis dabei herauskommen.

Bildliche Vergleiche

Nach den Beschreibungen verschiedener Autoren und Wissenschaftler verwundert mich eines immer wieder, der Zeitpunkt des Auseinanderbrechens von Europa nebst Afrika und dem Kontinent Amerika, hinzu käme noch Grönland.

Hier sind drei verschiedene Zeiträume benannt, die das Mittelmeer so klein erscheinen lassen, dass man meinen könnte, selbiges wäre gar nicht vorhanden; aber an der Stelle, wo heutzutage der Atlantische Ozean ist, wäre dann schon etwas gewesen, was auch ein Meer sein könnte, aber bedeutend größer als das Mittelmeer, nur ohne Bezeichnung. Die Spekulation verschiedener Wissenschaftler geht dahin, weil eventuell zwischen Europa nebst Afrika ein Loch vorhanden wäre, was wiederum spekulativ auch von einem Kometen stammen könnte; aber da die Volksgruppe der Atlanter in Nordamerika sowie auch auf der Insel im Mittelmeer, demnach auf Atlantis (Zeus) anwesend war, ist man sich daher nicht einig, woher die Atlanter als Volksstamm demnach kommen. Da der Atlantische Ozean dadurch entstand, dass Amerika vom Festland getrennt wurde, wohl kaum durch einen Kometeneinschlag, sondern durch etwas, was einem Vulkanausbruch gleichkommt, da die Landmassen z. B. in das Landesinnere gedrückt wurden, was in Schottland deutlich sichtbar wurde, muss folglich auch in der gleichen Höhe in Nordamerika solch eine Erdverwerfung vorhanden sein.

Den Hinweis darauf geben die Ägypter in Form einer Schlange, die in zwei Richtungen kriecht. Bemerkenswert hierbei ist, ein Kometeneinschlag bewirkt keine Erdverschiebung, sondern hinterlässt ein Loch. Die Spätkarbonzeit hätte dann dort, wo ein See/Meer war, einen Vulkan haben müssen, aus dem ein solch starker Ausbruch erfolgte, dass das Meer, welches zwischen Amerika und Europa war, lediglich verbreitert wurde, denn es war ja schon vorhanden und entstand nicht durch einen Kometeneinschlag (siehe Spätkarbon).

Vergleiche ich den Zeitraum zwischen Spätkarbon und Frühes Quartär, so kommen mir Zweifel, wie hier „tausende von Jahren“ dazwischen liegen sollen; denn das Mittelmeer wird in dieser Zeit nicht wesentlich größer, hat aber die gleichen Flüsse, wie sie heute vorhanden sind, auch das Tote Meer wäre vorhanden (Spätkarbon). Was an sich bedeutet; so genau will man sich nicht festlegen, da dann keine Unklarheit mehr darüber besteht, wie es sein kann, dass es 52 verschiedenen Rassen auf dieser Erde gibt, die doch ca. 4000 vor Chr. an sich alle ausgerottet wurden; oder haben sie die Sintflut vergessen! Und danach war nicht mehr die Rede von den Atlantern, sondern nur von einem ,und dies war "Zeus", nebst anderen griechischen Göttern, die mit Atlantis enge Verbindungen hatten. Dem folgte dann der Untergang von Atlantis im Mittelmeer und die Abspaltung Amerikas von Europa/Afrika und das nicht 20.000 Jahre vor Chr.; denn da gab es die Römer noch nicht, aber deren Spuren findet man in Amerika, wenn auch heute unter Wasser; aber sichtbar für Taucher, und die Römer gab es zur Zeit von Cleopatra ...!

Oder stellen Sie sich mal selbst die Frage, wie es sein kann, dass erst Atlantis versinkt und von dem Versenken einer Landzunge, die sich vor Alexandria befindet, findet kein Wissenschaftler etwas heraus, nur die Tatsache, dass der Tempel von Cleopatra verschwunden ist, nebst selbiger Person. Es ist doch eine recht merkwürdige Art zu forschen. Würde ich meine Hausaufgaben auf diese Weise erledigen, bekäme ich in der Schule die Note 6, die Wissenschaft ist sich lediglich nicht einig, es bestehen wohl berechtigte Zweifel.

Zusammenfassend kann gesagt werden, zur Zeit der Neandertaler hat es in Europa so gut wie keinen Fortschritt gegeben. Uns sind keine wirklichen Kunstgegenstände überliefert worden, bis auf ein paar Gebrauchsgegenstände des Alltags. Nach der Sintflut dagegen änderte sich das Leben radikal, am bekanntesten sind die Ägypter, Mayas (Materialisten), Inkas (Inkarnationsfolgen) und Azteken (Asketen). Der Mittelpunkt aber war Atlantis, was so viel bedeutet, wie die Atlanter bilden den Mittelpunkt der Neuen Gesellschaft nach der Sintflut; denn die gleiten mit den Raumtransportern durch den Kosmos, bis zum Heutigen Tage. Es gibt aber eine weitere Parallele, die zwar bekannt ist, aber allgemein ignoriert wird, es gibt in Afrika so etwas wie Pyramiden und in Mexiko auch. Die Entfernungen sind aber heute, im Gegenteil zur damaligen Zeit, dermaßen groß, dass man sich doch fragen sollte, weshalb ist am oberen linken Teil des „einen“ Kontinents und dann erst wieder ab dem Äquator eine identische Bauweise, von verschiedenen Rassen. Verständlich wäre, wenn nur entlang des Äquators eine einheitliche Bauweise angewendet wurde; aber selbst im heutigen Ägypten gibt es eine Art höhere, in seiner Art verschiedenen Baustil, der von der drei- bis fünfstufigen Pyramidenform abgeht, indem viele Stufen nach oben führen, aber selbige wurden zur Zeit des Erbauens als glatte Fläche verputzt, dies sieht man an der Cheopspyramide, wo an der Spitze eine noch glatte Fläche vorhanden ist. Die Goldverkleidung des „Daches“ (=Pyramide) kam somit auf den Beton, der die Verkleidung der Pyramide darstellte.

Merkwürdig, aber an sich bestätigend, findet man auch in Mexiko die Goldverkleidungen, welche den Strom lieferten, für die „Beleuchtung“. Selbige haben die Seefahrer des

Herren Cortez aus Spanien entfernt. Wie ist es möglich, 3300 Jahre v. Chr. Strom zu erzeugen, wenn die Sintflut alles zerstört hat, abgesehen davon kann es zu jener Zeit solchen noch gar nicht gegeben haben, denn in Europa saß man im Mittelalter noch bei Kerzenschein ohne Strom zu Hause, was so viel bedeutet wie in Amerika und in Ägypten sowie auf Atlantis, dem folgend Griechenland, gab es schon Strom, der mittels Solarenergie und Goldplatten erzeugt wurde.

Kommen wir zum 21. Jahrhundert, da hat man seit dem Jahr 1984 einen Perpetuum-Mobile-Motor, der weder einen CO_2-Ausstoß kennt noch überhaupt in Erwägung ziehen würde und da gibt es tatsächlich noch „Manager" und Politiker, die die Atomenergie als einzige umweltfreundliche Alternative verkaufen und nicht bemerken wollen, dass Corona schon die Folge von deren Misswirtschaft ist. Es wird nicht die letzte Seuche sein, die die Weltmisswirtschaft zu bekämpfen hat, denn es fängt alles erst an. Wir sind alle nur ein Telefongespräch voneinander entfernt und rücken immer näher zusammen.

Bilder hierzu finden Sie im Internet unter Mayas, Inkas und Azteken.

Bei diesem Anblick würden Sie sagen, wo steht denn der Spielautomat? Dieses Königsbild gibt es seit ca. 3000 Jahren vor Chr. auf dem Sonnentor von Tiahuanaco in Peru. Was die meisten Leser/innen wie auch mich doch sehr verwundert, ist die Tatsache, Gottheiten suchen sich immer die wärmeren Klimazonen aus, um nicht zu heizen, obwohl Energie vorhanden ist. Der Äquator ist an sich der Schlüssel zu den Siedlungen, von dort aus ging man ins Landesinnere, auch wenn eigentlich England das Land war, wo man landete, von daher sollte man die Überlegung starten, weshalb wählten die Außerirdischen diese Landschaft? Es gibt hierfür eine einfache Erklärung: Wenn ein Objekt auf Beton aufsetzt, benötigt es so etwas wie ein Gleitmittel, weil ansonsten selbiger zerbrechen würde, auf Grund der Reibung, auch wenn ein bestimmter Abstand zum Objekt eingehalten wird. Man kann beobachten, dass es zu den Zeiten des Vollmondes und Neumondes sehr häufig regnet. Dieses Wasser dient als Schmiermittel und England ist bekannt für sein Wetter sowie für seinen Nebel, wodurch man so manches Objekt dadurch für nicht wirklich hält, auch wenn man es gesehen hat.

Der Urkontinent Pangäa

Unsere Zahlenjongleure befinden sich überall und haben zu jederzeit eine Antwort parat, weshalb, warum und wieso es so sein muss und es nicht anders sein kann. Beginnen wir bei der Entstehung der Erde, deren Kern, so die heutige Wissenschaft, aus Eisen besteht, was praktisch nicht möglich ist; aber es ist so wunderbar bequem, immer auf irgendeinen „Führer" zu hören, da das eigene Denken so unsagbar schwerfällt, oder ist dem nicht so? Wäre dem so, könnten wir uns doch das heiße Eisen direkt aus der Erde holen und würden alle Stahlkochwerke einsparen. Das ist natürlich alles Unsinn; aber letztendlich kommt die Frage auf, wie genau entstand die Erde eigentlich wirklich? Zuallererst war das Licht, so sprach der Herr, daher stellt sich allgemein die Frage, was verstehen wir unter Licht? Licht kann kein Eisen sein und Edelstahl noch viel weniger, ein Metall im weitesten Sinne auch nicht. Woraus besteht Licht denn nun an sich? Die einzige Lichtquelle, die wir überhaupt kennen, ist die Sonne, selbige kann mit der Kraft unserer Gedanken beeinflusst werden. Nun versuchen Sie doch mal den Edelstahl mit Ihren Gedanken zum Schmelzen zu bringen, die Antwort würde sein, es geht nicht. Nun muss ich der Fairness wegen sagen, es kann auch nicht jeder Mensch, auch wenn dieser so aussieht wie ein solcher, das Wetter beeinflussen. Wenn diese Möglichkeit bestünde, hätten wir entweder ständig Gewitter oder unendlich viel Sonnenschein, es bedarf demnach einer gewissen geistigen Reife, um eine Balance herzustellen, zwischen denen, die meinen, etwas zu sein, weil sie einen akademischen Titel tragen, und denen, die durch den Weg der

Erkenntnis eine höhere spirituelle Fähigkeit erlangten. Beginnen wir mit dem Entstehen einer Sonne, indem wir beobachten, wie sich vier Pole, bestehend aus zwei mal zwei gleichen Polen, wie 2* plus und 2* minus, in einem bestimmten Abstand umeinander drehen. Hierbei entsteht die Neutronenenergie. Je mehr Neutronen aufeinanderstoßen desto größer wird die entstehende Sonne. Unsere Gehirnzellen entsprechen demnach im Vergleich dazu einem Neutron. Sehen wir uns dies anhand einer Simultanfolge an.

Diese vier Zahnräder sollen zwei mal Plus und zwei mal Minus darstellen, demnach stehen sich die gleichen Pole immer gegenüber und außerdem dreht sich das Ganze immer um die eigene Achse, so wie die Sonne auch, egal, wie viele Pole sich gegenüberstehen.

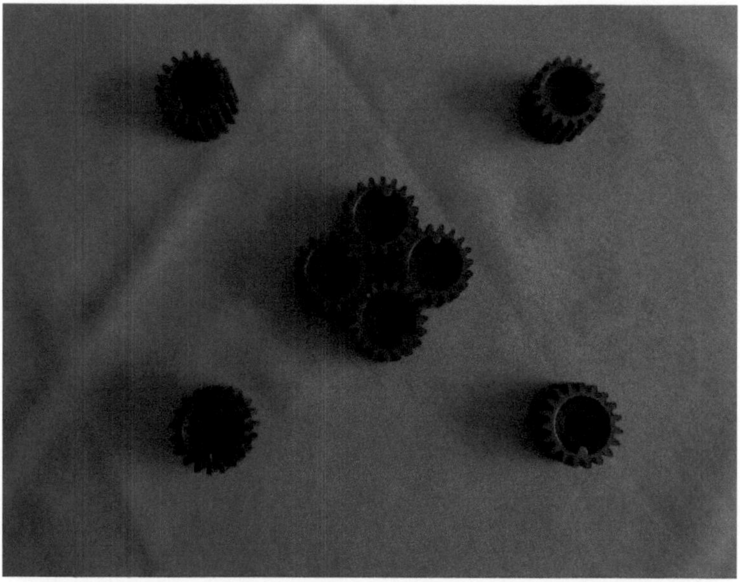

Es gibt weitere Möglichkeiten. Indem sich drei oder mehr Pole umeinanderdrehen, je mehr verschiedene Pole sich anhäufen, desto größer wird die Galaxie.

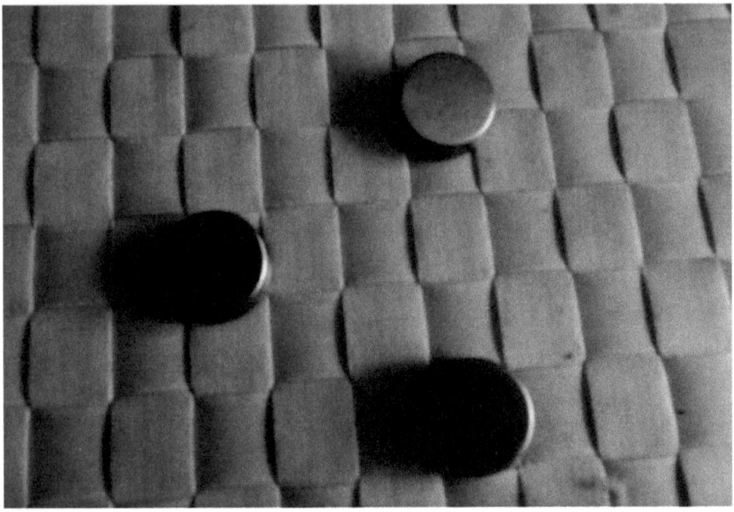

Nähern sich diese Neutronen einer weiteren Neutronenverbindung und Gasen, verbinden sich diese mit denen, indem diese Verbindung beginnt, eine Sonne zu werden, da der Kern der Sonne an sich Gas ist. Wohlwissend, dass Gas keine Kugel bildet, auch wenn eine sich drehende Bewegung vorhanden ist, so benötigt selbiges etwas, um eine stabile Form zu bekommen. Da uns aus Beobachtungen bekannt ist, wie ein schwarzes Loch entsteht, ist dies an sich der werdende Anfang, nur bei einer Sonne wurde dementsprechend wenig Material aus festen Stoffen in eine Kreisbewegung versetzt und daher kam hauptsächlich Gas an sich in dieses schwarze Loch. Da im Kosmos aber das Geröll übermäßig vorhanden ist, bildet die letzte Schicht wiederum Geröll, dieses wird durch den Druck, der auf ihm lastet, entzündet und lässt selbiges „kochen", da sich das Gebilde um die eigene Achse dreht, so wie alles im Kosmos sich dreht und bewegt. Eine Bewegung hat nicht immer eine Kreisform, sie kann auch nur in eine Richtung erfolgen.

Folgen wir dem, was nun weiter geschieht. Die Neutronen können auch Atome in sich einbeziehen, da sie das größere Element in der Kategorie sind. Es ergeben sich aus großen Entfernungen immer die Kreisbewegungen, die aber genauso gut eine elliptische Form und auch Umdrehung haben können, da der Zusammenstoß der Elemente nicht unbedingt kreisförmig sein muss. Die Menge der Gase, Neutronen und Atome und das Gestein bilden nach den Kettenreaktionen, die selbige bei ihrem Zusammenstoß verursachen, die Form der Sonne.

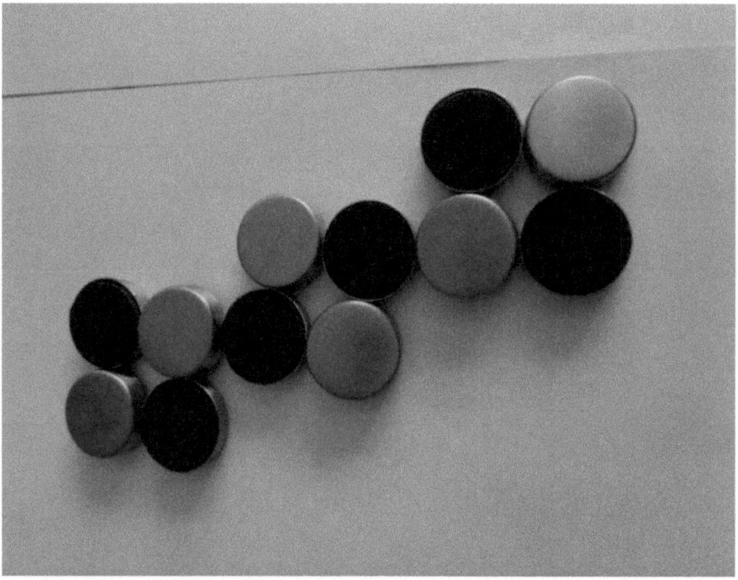

Gibt es, wie hier auf diesem Bild, einen Neutronenzusammenstoß, so kann hieraus eine elliptische Bahn entstehen. Folglich bestimmt die Menge der zusammengestoßenen Neutronen die Größe einer Sonne. Genau genommen formt sich eine Sonne durch die Eigendrehung ihrer Elemente. Grundsätzlich müssen die Elemente, die im Kosmos vorhanden sind, auch im Menschen vorhanden sein, da er, der Mensch, das höchste Geschöpf der Entwicklung ist; denn nur wir forschen über Entstehung und Zerstörung.

Setzen wir voraus, die Sonne hat durch ihre Eigeninitiative sich zu einer Art Kreisform entwickelt, so leuchtet sie weithin, es sei denn, so etwas wie ein vollkommener Mensch, oder auch Gott genannt, bastelt mit Hilfe von Gestein, welches sich im Kosmos in unzähliger Vielfalt befindet, an der Sonne herum. Dieser Gott oder auch diese Gottheit an sich verfügt über mehrere Transporter, die jegliches Material, welches sich im Kosmos befindet, bewegen können, indem sie diesem einen leichten Stoß verpassen und in eine bestimmte Bahn schicken. Solche Gesteinsmassen sind auch zurzeit im Kosmos vorhanden, diese werden aber auch als schwarze Löcher bezeichnet, da weder ersichtlich ist, ob diese sich drehen noch woher sie kommen. Die Antwort wäre an sich, seit wann steht ein solcher Ball, der die Sicht auf das, was dahinter ist, versperrt, an dieser Stelle! Da zu einem bestimmten Zeitpunkt diese Erde demnach eine Sonne war und eine zweite größere außerdem noch vorhanden war und es immer noch ist, wurde das gesammelte Material in die Sonne geschickt, auf der wir heute wohnen. Dieses Material kam offensichtlich nur an einer Stelle zur Wirkung und blieb als Urkontinent Pangaea bestehen. Da Unmengen an Geröll aus dem Kosmos in die Sonne geschickt wurden, entstand natürlich zuerst Wasserdampf, um dadurch eine Atmosphäre entstehen zu lassen. Es kann also nicht sein, dass die kleine Sonne aus sich selbst Lava hervorbrachte, um daraus einen Kontinent entstehen zu lassen, so wie es uns die Wissenschaft von heute, im 21. Jahrhundert, weismachen will, da die Zeit des Entstehens eines Planeten zu lang wäre, um Milliarden von Jahre damit zu vergeuden. Außerdem käme da noch die Entwicklung von Lebewesen hinzu, die auch wiederum Milliarden von Jahre andauern würde, um ein Argument zu haben, wir haben hier Erdgestein, welches mehrere Milliarden Jahre alt ist, aber weshalb dieses Gestein so alt ist, das lassen wir weg und finden eine andere plausible leicht verständliche Erklärung dafür. Das ist natürlich auch eine Möglichkeit, Forschung zu betreiben; aber das Ergebnis ist dann sehr zweifelhaft und außerdem auch irreführend. Wie alt unsere Erde an sich ist, können wir nicht bestimmen; denn wir leben auf dem Material, was aus dem Kosmos kam, und dort schwebte es auch für eine uns unbekannte Zeit. Weiterhin besteht ein unbestimmter Zeitpunkt des Entstehens des Materials, auch Lava genannt, da unser Kosmos mit einer Art Mauer von den Ur-Sonnen getrennt ist, aus welchem diese Mauer besteht. Diese Kosmosmauer ist für uns nicht sichtbar, wegen der enormen Entfernung von mehreren tausend Lichtjahren. Wären an mehreren Stellen der Kosmosmauer Sonnen oder Reflektionen selbiger wahrzunehmen, so könnte man dann von jedem Planeten auch diese Kosmosmauer mit bloßem Auge sehen. Unser Kosmos ist auch nur ein begrenzter Raum, wenn auch in seinen Entfernungen für uns unendlich, so doch aber nach Lichtjahren messbar. Wollten sie nun den Zeitpunkt feststellen, wann der Planet begann, auseinanderzubrechen, so kann es unmöglich sein, dass sich ein zusammenhängender Kontinent erst in sich teilt, um danach wieder zusammenzuwachsen. Oder zeigen Sie uns doch mal, wie das geht, wenn man Eis zerhackt, um es anschließend wieder zusammenzufügen; dann könnten wir den Nord- und Südpol wieder erneuern. Mutmaßen wir, dass sich ein Komet verirrte, um den Urkontinent zu teilen, indem dieser in der Höhe von Nordamerika einschlug, so haben wir keinen Nachweis dafür, da sich an jener Stelle im Atlantischen Ozean, kein Komet befindet; denn der müsste, laut Wissenschaft, sehr eisenhaltig sein. Außerdem müssten dies mehrere Kometen gewesen sein, da ein Komet an dieser Stelle keinen Bruch erzeugen könnte, der den gesamten Kontinent Amerika von Europa und Afrika getrennt hat.

Betrachten wir einmal die Möglichkeit, wenn man den Kontinent Amerika ausschneidet und an das Gebirge anlegt, welches sich zurzeit unter Wasser befindet, in einer Tiefe von etwa 8.000 Metern, so passt selbiger fast genau. Nehme ich dagegen das Unterwassergebirge und versuche es an den Kontinent Afrika anzulegen, so bleibt ein Zwischenraum, was als unwahrscheinlich anzusehen ist, da das Unterwassergebirge seinen Standort so gut wie gar nicht verändert hat, da ansonsten auch die Kontinente Eurasien und Afrika driften würden und sich auch entfernen würden, was sie nicht tun.

Die vorhandenen Teile Eurasien und Afrika waren in Richtung Westen, vor ca. 2050 Jahren, 35 vor Chr., demnach etwas größer als heute da sie von der Form her deutlich bis an das Unterwassergebirge heranreichen, in ihrer Form.

Auch der Kontinent Amerika hat sich in seiner Form nicht wesentlich verändert, obwohl dieser sich jedoch von seinem ursprünglichen Standort entfernt. Dementsprechend ist die Entfernung vom Ursprungsort nur etwa halb so groß als vorher angenommen, was die Berechnungen, welche zum Beispiel die Mayas anstellten, in ihrer Genauigkeit somit zutreffender macht, nur eventuell geht man wohl von einem falschen Standort aus, an dem damals Amerika noch verankert war, vor ca. 5100 Jahren (3100 v. Chr.).

Sehe ich mir den Verlauf des Mittelmeeres an, wird ersichtlich ist, dass Nordafrika, bis zur Sinaihalbinsel, den Nil entlang neben Ägypten, hinunter zum Roten Meer, im Indischen Ozean endet und keine Spur der Veränderung erfolgte, obwohl doch ein weit größeres Stück Kontinent auf der gegenüberliegenden Seite abgebrochen sein soll. Schlussfolgere ich, Atlantis versank innerhalb von 24 Stunden in den Fluten, aber auf der rechten Seite des Mittelmeeres, in der Höhe ab Ägypten, trennte sich nichts vom Kontinent Asien, so lag der Schwerpunkt des Absinkens in der Höhe von Spanien und Algerien; denn hier sind keine Reste von Atlantis auffindbar. Man sollte doch annehmen, wenn ein gewaltiger Komet die Erde rammt, wäre logischerweise auch der Kontinent Afrika abgetrennt worden, der doch nur an einem seidenen Faden hängt, wenn man sich die Verbindungen heute ansieht. Nach den Befunden der heutigen Wissenschaft aus Schottland dagegen hat man festgestellt, so wie es auch die Ägypter zeigen, dass etwas aus dem Wasser kam und Verwerfungen erzeugte, was das Gegenteil davon ist, als wenn ein Komet einschlägt. Hierbei sei zu erwähnen, nicht unbedingt ein Vulkan allein, kann etwas herauf anstatt nach unten befördern. Um es einfacher zu erklären, dies, was dicht nebeneinander, erst versinkt, wegen eines künstlich erzeugten Vulkanausbruchs, wobei eine lang gezogene Insel abgesenkt wird,

erzeugt daneben, wo das Objekt wieder auftaucht, einen Sog, der den Druck nach oben ablässt, wie bei einer Sektflasche, die man, nachdem man sie etwas schüttelte, kurz danach öffnet. Gegen einen Kometeneinschlag spricht außerdem, weshalb haben sich dann Australien und die Antarktis vom Fuße des Südamerika getrennt? Das wäre etwa so, wie wenn ein Flugzeug abstürzt und keine Trümmer wären vorhanden.
Sehen wir uns die Karte auf einem Atlas etwas genauer an, so befindet sich Grönland direkt über Norwegen/ Schweden, Großbritannien hat eine Verbindung über kleine Inseln, nach Grönland, Australien hat sich vom Standort wenig verändert, da es zu der Inselgruppe Malischer Archipel gehörte. Zu damaliger Zeit, etwa 35 vor Chr. waren die Inseln wohl etwas größer und es war auch mehr Land vorhanden.

Der mittelatlantische Rücken, welcher sich im heutigen Atlantischen Ozean befindet, war der Punkt, an dem sich der Kontinent Amerika vorher befand, bevor Atlantis versunken ist. Diesen Ozean gab es vorher nicht. Es ist daher nicht möglich, dass Atlantis im Atlantischen Ozean gelegen hat oder dort versunken ist. Der Kontinent Amerika kann nicht wesentlich näher an Afrika dran gewesen sein, da, wenn man den Kontinent Amerika ausschneidet sowie näher an Afrika heranführen will, sich das Problem einer totalen Verschiebung von Nordamerika ergibt, der lässt sich nicht an dem mittelatlantischen Rücken anlehnen, wenn Südamerika direkt neben Afrika seinen Platz gehabt hätte. Demnach driftet Amerika erst seit dem Tag, als es sich von seinem unterirdischen Gebirge trennte, am Tage X, im Jahr 35 vor Chr. und nicht Milllionen Jahre vorher.

Es sei hier erwähnenswert, das Unterwassergebirge hat sich bis 35 vor Chr. an der Wasseroberfläche befunden, daran erkennbar, dass sich Gebirgszüge dort fortsetzen, wo sie in Afrika enden und in Südamerika wieder beginnen, auch die Bodenerhebungen gehen kontinuierlich ineinander über. Der Urkontinent war, was stark anzunehmen ist, wenn man all die Gebirgszüge, die sich heute unter Wasser befinden, bei weitem größer als hier und jetzt; denn beachte ich nur allein die Unterwassergebirge um Afrika herum, so ergibt sich von der Fläche her ein größerer Kontinent, wenn man voraussetz, dass die Gebirgsketten mit versunken sind.

Wie kommt man zu dieser Feststellung? Im Mittelmeer entweichen Gase wie bei einer Sonne durch eine Reihe von Vulkanausbrüchen, dadurch versinkt die Inselkette Atlantis. Der Druck, den die Inselkette durch das Absinken nach unten verursacht, trennte Amerika und Afrika von dem mittelländischen Rücken, der beide Kontinente verband und selbst auch versank. Die Gebirgsteile des Atlantischen, Indischen und Arabischen Rückens stellen logischerweise dann eine Ergänzung zu dem Südlichen Teil von Afrika dar, was auch gebirgig ist. Stellen wir uns vor, Afrika war doppelt so groß wie heute und auch Australien mit seinen unterirdischen Gebirgen war zu seiner Zeit mehr mit dem Festland verbunden, als es heute der Fall ist, da eine ungeheure Katastrophe stattfand, die weltweit mehrere Implosionen hervorrief, wodurch Festland verloren ging. Berücksichtigen wir die vorhandenen Gebirgsrücken unter Wasser, so ergibt sich ein etwas klareres Bild über den Urkontinent Erde, unser innerer Kern besteht aus Gas, so wie die Sonne.

Der Planet Venus, auch als Abend- oder Morgenstern bekannt, wurde im Monat Juli von Außerirdischen besucht und diese ließen Gase aus dem Planeten in den Kosmos entweichen. Dieses interessante Szenario wurde leider nicht im Fernsehen übertragen, da die Fußballweltmeisterschaft einen höheren Stellenwert hatte. Versuchen wir uns vorzustellen, was geschieht, wenn in einen Gasball ein noch größerer Geröllball hineingestoßen wird! Es schmilzt das Gestein zu Wasser, was aber sehr unwahrscheinlich wäre, da dann an verschiedenen Stellen das Gas zusammengedrückt werden würde und somit eingeschlossen ist. Dem würden weitere Gasexplosionen folgen, aber es könnten keine Unterwassergebirge entstehen, da ansonsten das gesamte Gas entwichen wäre und nur ein Geröllplanet wäre entstanden, mit einer Veränderung, die durch das Gas erfolgte. Die Entstehung der Erde wurde also fürsorglich geplant, da so viel Wasser vorhanden war, dass man auch zwei Eispole schaffen konnte, die durch die Platzierung des Gerölls vorher nur eine Achse hatte, wodurch die Ellipsenbahn entstand und die Eispole, die verhindern, dass uns das Wasser aus der Bahn wirft, da sie den Gegenpol darstellen. Somit haben wir zwei Achsen, die die Erde in Bewegung halten. Sollte es passieren, dass das Gas, welches sich im Inneren unserer Erde befindet, entweicht, gäbe es eine riesige Implosion und es wäre nur noch ein Bruchteil von dem über der Wasseroberfläche, was heute noch vorhanden ist. Man kann dies daran erkennen, dass sich der Atlantische Rücken in etwa 8.000 Meter Tiefe befindet und dieser Prozess fand etwa im Jahr 35 vor Chr. statt. Derselbe Atlantische Rücken hatte die Höhe, in welcher der Kontinent Afrika sich heute befindet, demnach etwa 50 bis 100 Meter über dem Wasserspiegel.

Es liegt an den Politikern, die regieren, wie sie mit der Erde und den Menschen umgehen, denn sie wurden dafür gewählt, etwas zu erhalten und zu verbessern und nicht die Erde zu zerstören, auf welche Art auch immer.

Ägypten, Teil 1

Die bisherige Version, dass in den Pyramiden bzw. dem Tempel von Gizeh Totenkulthandlungen stattfanden, ist völlig falsch. Die Wissenschaft dieser Erde begnügt sich damit, oberflächliche Erklärungen zu finden, um nicht näher auf die Einzelheiten eingehen zu müssen, da offensichtlich niemand von den vielen Völkern ernsthaft an der Wahrheit interessiert ist. Es beginnt damit, dass der Tempel nach der Sintflut erbaut wurde. Demnach muss auch Stonehenge älter als die Pyramiden sein, da von dort die Raumtransporter-Andockstation, dies, was wir als Leben bezeichnen, ausging, denn nach der Sintflut, gab es kaum noch Leben auf dieser Erde.

Folgendes Bild stellt den Rücken des Thronstuhles von Tutanchamun dar, etwa 1300 v. Chr., wobei das Datum nicht unbedingt stimmen muss.

Betrachten Sie diese Bild einmal etwas länger und genauer, hierbei sollten Sie dem unteren Teil des Bildes besondere Aufmerksamkeit widmen, da es etwas zu sehen gibt, was darauf hindeutet, welcher Zusammenhang zwischen Ägypten und Stonehenge besteht. Eine wesentliche Rolle spielt der Fußboden oder das, was so aussieht wie eine Bühne!

Man kann erkennen, dass jeweils ein blauer Bogen, mit einem Stab im Inneren, neben dem wiederum ein Stab steht, ein weiterer blauer zweieckiger Bogen folgt, mit einem Stab in selbigem. Der Stab kann aber auch auf ein Metall hinweisen. Über dieser Bogen- und Stabreihe gibt es eine blaue Linie, gefolgt von einer roten Linie und über selbiger dann wieder eine blaue Linie. Die untere blaue Linie hat eine Verbindung zum zweiten Bogen unter der Linie und in Höhe des zehnten Bogens ist die rote Linie mit der blauen Linie verbunden. Weiterhin ist der vierzehnte Bogen wiederum mit dem blauen Bogen scheinbar sogar von zwei Seiten verbunden. Das Schaltschema sieht nach einer Dreiphasenschaltung aus, gleicht aber im Aufbau, dem Schema von Stonehenge. Stonehenge hat zwei Säulen sowie eine Art liegende Säule, die beide Teile am oberen Ende verbindet. Weiterhin sehe ich auf der rechten Seite des Bildes ein Gestell, wobei der obere Teil einen Kreis mit drei weiteren inneren Kreisen darstellt sowie einen hufeisenförmigen angefangenen Kreis, der sich unmittelbar vor dem blauen Innenkreis befindet, was auch ein blauer Stein sein kann. Eine Lotusblume streckt sich am oberen Teil des Kreisgebildes empor. An dieser Stelle hat Stonehenge so etwas wie eine Zufahrt, zumindest sieht es danach aus. Zu der Zeit aber, als das Gestell genutzt wurde, war diese Richtung die Ein- und Ausflugsschneise.

Es gibt natürlich noch mehr Ungereimtheiten, die das Bild aufweist, z.B. eine Sonne leuchtet niemals in einem Zimmer, es wäre aber möglich, das Sonnenlicht in einen Raum zu führen, das hat die Wissenschaft uns aber noch nicht mitgeteilt. Außerdem weist uns das Bild aber auf die Nutzung der Sonnenenergie hin, und das 3000 Jahre vor

Christus. Sehen wir uns den linken Teil des Bildes an, so lässt sich natürlich auch mittels von verschiedenfarbigen Kabeln Solarenergie in den Innenräumen anschließen, so sieht zumindest die linke Seite im 21. Jahrhundert aus, denn auch wir haben Lampen, die selbst stehen oder von der Decke hängen; oder wie wollten Sie Licht in dunkle Räume bringen? Ständig Kerzenlicht oder offenes Feuer mit Fackeln wäre außerdem gesundheitsschädlich, daher nehme ich an, dass man auch damals schon so weit dachte, wie wir es heutzutage tun, da wir es nicht fertigbringen, Steine zu verwenden, die mit einem Laser bearbeitet wurden und zum Bau von Gebäuden Verwendung finden. Was der Großteil der Menschheit für den Kopfschmuck der Königin und des Königs halten, ist der Gedanke (gedankliche Aura) der jeweiligen Person in diesem Moment, ansonsten wäre ein Heiligenschein sichtbar, der mitunter auch seine Farben wechselt. Wie kommt man zu dieser Feststellung? Das, was wir als Pyramiden bezeichnen, war ca. 3000 Jahre v. Chr. ein Tempel und gleichzeitig Wohnort von Bewohnern eines anderen Planeten aus dem Sternbild Orion. Auch heute kommen wieder Bewohner von dort hierher, mittels Raumtransportern, die mitunter eine Sonnenfinsternis sowie auch ein Gewitter auslösen, womit man uns mitteilen will, dass die Menschheit im Allgemeinen auf dem falschen Wege ist, da wir keine Mitteilung darüber erhalten, ob es sich tatsächlich um eine Sonnenfinsternis handelt. Dies ist ein wesentliches Merkmal der an sich friedlichen Absicht dieser Gottheiten. Es kommt natürlich auch vor, dass Orkane ganze Landstriche verwüsten, dies ist immer dann die Folge, wenn man zum einen gegen die Zehn Gebote vorsätzlich verstößt und auch weiterhin andere diffamiert (falsch Zeugnis redet gegen selbige).

Die Erklärung des Sinnes der pyramidenförmigen Dächer, die man in Ägypten zu sehen bekommt, liegt einfach darin, die Dächer waren rundherum vergoldet, da Gold, das bestleitende Material ist, welches Strom leitet Schon 3500 Jahre und mehr, v. Chr. gab es natürlichen von der Sonne erzeugten Strom. Das blaue Fernlicht welches wir heutzutage in den PKW-Scheinwerfern verwenden stammt aus der Plünderung der Pyramiden während der Neuzeit (2000 n.Chr.), was nirgendwo als solches erwähnt wird. Die Erklärung, weshalb die Dächer vergoldet waren, ist, auf dem Dach der Cheopspyramide ragt eine Antenne heraus, die an sich schon längst verrostet sein müsste. Was so viel bedeutet, wie in der Pyramide war eine Funkanlage und die Antenne aus Titan, weil dieses Material nicht rostet. Müsste jemand dies verändern, so begeht er Geschichtsfälschung, nicht um zu forschen, sondern um falsche Argumente zu verwenden.

Ohne Sonnenbrille konnte man sich dem Tempel nach dessen Fertigstellung am Tage demnach nicht nähern, es sei denn, man trägt eine Maske oder eine Sonnenbrille. Masken stellen demnach keinen Totenkult dar, sondern einen Schutz gegen die blendende Sonne. Der Kult der Sonnenverehrung kommt also daher, die Sonne zu nutzen. Das, was eigentlich wichtig für den Bau von solchen Bauwerken ist, wird völlig übersehen, denn wenn ich das Rad habe, weshalb wolle ich selbiges nicht benutzen, weshalb sollte ich dann Baumstämme benutzen? Wenn Sie Realisten wären, dann würden Sie eine Palme so lange schälen, bis selbige rund ist, und dann stellen Sie fest, diese Bäume eignen sich überhaupt nicht für den Transport von Steinen, da selbige sehr biegsam sind und sich für den Transport von Steinen mit einem Gewicht von sieben Tonnen überhaupt nicht eignen.

Wäre der grüne Teil ein durchgehender Stein, so müssten alle Baumstämme den gleichen Durchmesser haben. Es gibt keine Malereien in den Pyramiden, die dies darstellen, folglich wurde eine andere Technik verwendet, was so viel bedeutet wie, dass unsere Wissenschaft hierfür keine Erklärung gefunden hat. Die Baumstämme wären dann die Achse zwischen zwei Rädern, was aber auch falsch wäre. Ein Denken in Richtung Sklaven wäre nicht typisch für religiöse Gemeinschaften. Vergleicht man die heutige Gesellschaft mit einem Boom von Zeitarbeitsfirmen im Gegensatz zur damaligen Zeit, so sind wir heute Sklaven derer, die studiert haben. Demnach fehlen uns Planstellen, in denen wir Fachleute einsetzen können, um diese fach- und sachgerecht zu bezahlen. Stellt sich die Frage, wenn immer mehr Menschen studieren, wer will dann die noch anfallenden Arbeiten tun? Ein Bauer im Lande Ägypten hätte im Winter zwar weniger zu tun als im Sommer, aber wenn ich mir allein die Wirtschaft der Spanier ansehe, dann haben die auch im Winter etwas zu tun. Daher ist es für mich vorstellbar, dass die Ägypter von einem anderen Planeten kamen und nicht nur die, wobei Stonehenge der Ort war, wo selbige angekommen sind, um sich dann im heutigen Ägypten anzusiedeln. Denn die Bauern könnten eventuell zwei oder mehr Ernten einbringen, wenn nicht noch mehr, da die Sinaihalbinsel das Becken war, wo das Wasser des Mittelmeeres abfloss. Demnach war nicht nur das Nildelta eine Gegend, wo man Landwirtschaft betrieben hat. Es ergibt also keinen Sinn, Spekulationen anzustellen, vielmehr wäre es sinnvoll, eine Forschung zu betreiben, die den Schulen der Welt die wahre Vergangenheit der Menschheit offenbart, anstatt ständig die Schulbücher zu korrigieren und neue Vermutungen anzustellen, was bedeutet, man möchte der Menschheit etwas erklären und wäre allein in der Lage, überhaupt eine Erklärung abzugeben. Später wird dann anhand von Fehlern festgestellt, dass es an den Haaren herbeigezogen war. Da gibt es z.B. eine Theorie, die besagt, dass Steine auf Schlitten befördert wurden. Versuchen Sie doch mal, mit einem Schlitten, beladen mit einem 7-Tonnen-Stein, selbigen auf ein Schiff zu ziehen. Ein solches Schiff gab es damals nicht, es hätte an beiden Seiten Seilwinden haben müssen oder eine Rampe an beiden Seiten, um etwas an Land oder auf das Schiff zu ziehen. Oder noch komplizierter, von einem Ufer zum anderen hätten Seile gespannt werden müssen. So verrückt kann kein Genie sein; oder wie können Sie jemanden nennen, der einen Tempel baut, den bis zum 21. Jahrhundert niemand nachbauen kann, dabei sind aber gerade mal etwa 5500 Jahre vergangen, eventuell etwas mehr. Geschichtsfälschung ist keine Forschung, Demontage von Kulturgütern ist kein Fortschritt und bleibt Diebstahl. Den neuesten Entdeckungen zufolge hat man um die Sphinx herum mehrere Platten freigelegt, die wie ein großflächiges Raster aussehen, diese Platten waren wohl eine Art Essecke, die genutzt wurde, wenn das Wetter schön war, und in unmittelbarer Nähe dann ein kleiner Tempel, der bei schlechtem Wetter dazu diente, geschützt von Regen und Wind, die Mahlzeiten einzunehmen. Somit ist ersichtlich, dass die Sphinx dazu diente, als Küche zu funktionieren. Es fand sich aber bis heute niemand, der solch eine Möglichkeit in Betracht gezogen hat, auch wird vermieden, die Sphinx aus nächster Nähe von vorne zu zeigen, wobei ersichtlich wird, dass dort eine Tür ins Innere führt.

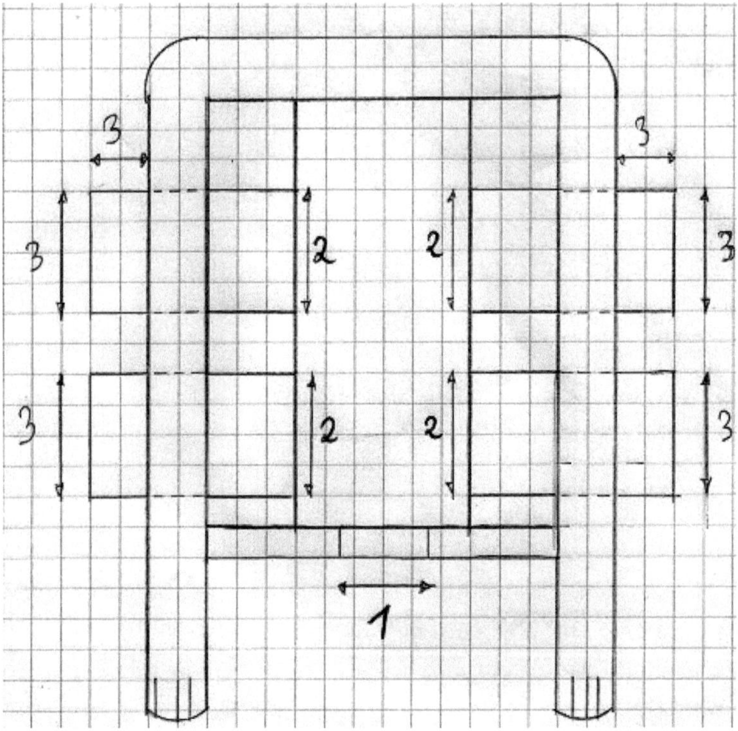
3
3
3
2
2
3
3
2
2
3
1

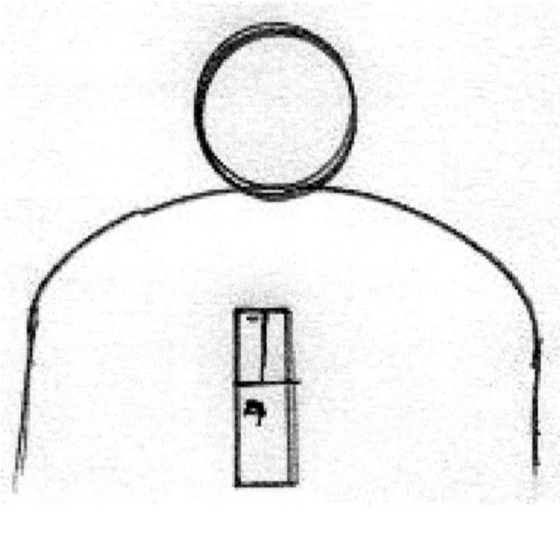

Noch weniger Verbreitung findet ein Bild aus dem Inneren selbigen Gebäudes, siehe links, als Nummer drei ist ein Luftabzug, der beidseitig von der Sphinx zu finden ist, was den Beweis erbringt, dass sich hier die Küche befand und nur wenige auserwählte Bauarbeiter zu beköstigen waren. Denn in der Sphinx befindet sich auf jeder Seite mindestens eine Nische, auf der man kochen konnte. Es stellt sich nur die Frage, mit welcher Energie, allem Anschein nach mit Strom, nur leider fehlen die Herde, auf denen gekocht wurde.

Die 1 ist die Eingangstür, die 2 sind etwa zwei bis vier Kochnischen, die drei sind die Luftabzüge. Ersichtlich aus der Skizze ist, dass vermieden wird, einen Rückschluss daraus zu ziehen, dass wegen einer so kleinen Küche, keine 10.000 oder gar 100.000 Sklaven beköstigt werden konnten. Vergleichsweise können Sie die Mensa für Studenten/innen sehen, wo nur ein paar hundert Studenten(innen) beköstigt werden, hier wird hingegen eine größere Fläche benötigt.

Das Erdbeben, welches auf den Selbstmord von Cleopatra folgte, hat leider nicht nur Atlantis absinken lassen, sondern auch den Tempel der Cleopatra, ansonsten könnte man eventuell noch etwas finden, was uns ohne Theorien weiterhilft. Die einzige Möglichkeit, die sich ergibt, wäre, vor Alexandria eine Art Damm zu errichten, um dann das Wasser abzupumpen, was über dem versunkenem Tempel steht. Ob das der ägyptischen Wirtschaft nützt, ist fraglich. Es lassen sich lediglich Reste des Tempels bergen, die Aufschluss darüber geben, wie Cleopatra gelebt hat. Was ich persönlich bisher noch nirgendwo gesehen oder gelesen habe, ist, welcher Abstammung Cleopatra ist. Selbige muss demnach genau wie die Nofretete, aus der Moses-Dynastie hervorgegangen sein. Demnach bestand auch eine Verbindung zu den Bewohnern von Atlantis und zu Zeus. Was beweist, die jüngere Gesellschaft hat sich von Stonehenge nach Afrika begeben und die ältere Gesellschaft hat sich von Spanien, bis hin nach Griechenland und in die Türkei begeben. Allmählich kamen dann auch die Chinesen und Russen über Stonehenge in Asien an, wo selbige auch heute noch anwesend sind, wie auch andere Volksstämme. Somit kommen wir dann auf über fünfzig verschiedene Rassen der Menschheit, die sich nach der Sintflut hier auf dieser Erde angesiedelt haben und nicht schon vorher anwesend waren. Das hört sich so einfach an, ist aber von verschiedenen außerirdischen Gruppierungen so hervorgegangen. Auch wurde streng darauf geachtet, welche Person von welchem Personenkreis abstammt. Hierbei ist die „Seelenwanderung“ von immenser Bedeutung. Wenn eine Seele der Vollkommenheit entgegenstrebt, so wird dies von denen gefördert, die gleicher Abstammung sind. Da meine Seele sich als Ramses des Vierten, demnach keiner von dieser Erde, zum ersten Mal in Ägypten „manifestierte“, stamme ich somit von dieser ab, denn Moses (=Ramses), war ein Mitglied eines außerirdischen Stammes vom Sternbild Orion. Sieht man sich im Gegensatz dazu die Stammbaumforschung von heute an, so wird lediglich nach Vater, Urgroßvater, Ururgroßeltern gefragt; aber nicht nach dem Ursprung der Seele jedweder Person.

Wenn man sich die Aufbauten der Pyramiden aus der Vogelperspektive ansieht, so kann man feststellen, dass dieses Bild dem Sternenbild Orion gleicht. Natürlich gibt es noch mehrere solcher Spiegelbilder, wie z.B. auch die

Pyramiden in Mexiko, die auch keine Pyramiden an sich sind, was bezeugt, man lässt keine Fahne auf dem Planeten, den man mal besucht hat, man hinterlässt ein Spiegelbild des Sternbildes, aus dem man gekommen ist. Wenn wir also auf dem Mond, dem Mars und dergleichen waren, so sollten wir zu erkennen geben, wir schaffen nur „Hochhäuser“, aber keine Kultur an sich. Würden wir der Seelenwanderung keinerlei Bedeutung geben, so stammen wir denen zufolge lediglich vom Neandertaler ab und ein Leben wäre völlig genügend, um es im europäischem Sinne zu sehen, bei denen gibt es nur „ein“ Leben, nur eine Katze hat sieben Leben. Es liegt wohl etwas mehr an der geistigen Bildung, z.B. die Bibel so zu lesen, wie selbige geschrieben ist, anstatt etwas hinein lesen zu wollen, was dort nicht steht, wie ... und der Geist Gottes schwebte über dem Wasser, dann kann es nicht sein, dass über dem Wasser „nichts“ vorhanden ist, auch wenn die Möglichkeit vorhanden wäre, dass wir es mit dem Radar nicht identifizieren könnten. Stoßen wir aber mit etwas zusammen, was eben nicht mit den Augen sichtbar ist, so ist es doch vorhanden, in welcher Form auch immer. Demnach nimmt die Seele einen Körper an, um sich zu manifestieren, was so viel bedeutet, wie es jegliche Form annehmen kann, da der Körper nur ein Instrument zu einer bestimmten Funktion gedacht ist. Das Wort Hund kann also nicht einen Esel verkörpern und einen Menschen schon gar nicht. Auch können bei Namensgleichheiten nicht zwei oder mehreren Personen die gleiche Identität geben, da das Verhalten verschieden ist. Auf Grund dieser Tatsache allein erkennt man an sich schon, dass hier verschiedene geistige Lehren vorhanden sind, wie aber sollten die entstanden sein, wenn alle

Menschen vom Neandertaler abstammen, bzw. sich aus diesem entwickelt haben sollten?

Niemand kann eine andere Religionsauffassung annehmen, wenn diese nicht von Kindheit an oder überhaupt gelehrt wird oder auch nicht vorhanden ist. Es kann niemand zum Christen werden, wenn kein Christentum gelehrt wird. Ein Christus müsste erst geboren werden, um eine solche Religion zu verbreiten. Wie sollte also ein Neandertaler an etwas glauben, wenn ihm keine Religion gegeben ist? In gleicher Weise sehe ich den modernen Menschen, der nichts vom Märtyrertum hält, weil es sich nicht lohnt, für eine Gesellschaft in den Tod zu ziehen, um den Rest der Menschheit überleben zu lassen, die wiederum keinerlei wirklichen Glauben haben als an das Geld, welches ihnen zur Verfügung steht. Erst wenn die Menschen arbeitslos sind, fällt ihnen wieder ein, wie schön es doch war, Arbeit zu haben, hiermit sei nicht gesagt, dass die Menschheit versklavt werden sollte. Wer mit Augenmaß Arbeit vergibt und ausführt, dem ist seine Arbeit ein Vergnügen ..., sein Sport etc.!

Ägypten, Teil 2

Je öfter man etwas nachliest, desto mehr kann man darin erkennen. So sollte man mal in der Bibel, bei Moses (Ramses) dem Vierten, Kapitel 20, Absatz 9, folgendes lesen: „Da nahm Moses den Stab, vor dem Herrn, wie er ihm geboten hatte ... Und Moses hob seine Hand auf und schlug den Felsen mit dem Stab zweimal. Da ging viel Wasser heraus, das die Gemeinde trank und ihr Vieh."

Auch im Zweiten Buch Moses, findet man den „Stab" in Kapitel 10, Absatz 13, dort findet folgende Handlung statt: „Mose reckte seinen Stab über Ägyptenland. Und der Herr trieb einen Ostwind ins Land den ganzen Tag und die ganze Nacht; und des Morgens führte der Ostwind die Heuschrecken her."

Was hierbei überlesen wird, ist die Tatsache, dass beide Herrscher, der zweite und der vierte, demnach alle Ramses-Dynastien, über einen Stab verfügen, der etwas veränderte, was so viel bedeutet wie, dass diese Herrscher in unmittelbarem Kontakt mit denen standen, die genau wie heute „nicht sichtbar", aber vorhanden sind. Diesen Stab haben alle Könige mit ins Grab genommen, da selbiges, wie ein Kreuz über der Brust verschränkt ist. Die Moses-Dynastien hatten demnach die Aufgabe, ein neues Volk zu gründen, was auch am Alter selbiger Personen ersichtlich ist; denn sie waren immer die Jüngsten. In Atlantis und Griechenland dagegen waren es immer ältere Personen, die mit Weisheit regierten. Es stellt sich für Sie nun die Frage, wie ich zu dieser Schlussfolgerung gekommen bin, was einfach darzustellen ist. Wenn mehrmals ein Gegenstand beschrieben wird, der für die Wissenschaft nicht auffindbar ist, so muss dieser Gegenstand offen daliegen ohne dass jemand auf die doch so einfache Idee kommt, was es denn mit dem Stab auf sich hat, noch dazu, wenn selbiger immer wieder erwähnt wird. Würde dieser Stab nur weitergegeben worden sein, so wäre nur ein Stab vorhanden; aber alle Könige der Ramses-Dynastien haben einen solchen (Ramses 1-5). Man nennt diesen den Krummstab. *Bilder hierzu gibt es im Internet.*

Demnach hat es eine besondere Bewandtnis mit diesem Stab, der genaugenommen die Form hat, die man im medizinischen Bereich „Spinalis" nennt; oder im Indischen sagt man Kundalini dazu, es ist aber immer das gleiche damit gemeint. Wenn man meditiert, fällt ein Tropfen Gehirnwasser zum Steißbein und „verbrennt" so innerlich diesen „Kanal", der aber nicht verbrennt, vielmehr ist es ein innerlicher Schmerz, der nach und nach einen neuen Konzentrationspunkt öffnet und Fähigkeiten der betroffenen Person fördert. Auch werden hierbei bestimmte Immunitäten gegen Krankheiten freigesetzt. Anhand dieser Tatsache, dass man bei den Ramses-Königen immer den gleichen Stab findet, ist ersichtlich, dass die Personen Moses und Ramses identisch sind. Folglich kann man die Geschichte von der Bibel ablesen. Die hauptsächliche Entwicklung nach der Sintflut fand von Atlantis aus nach Ägypten hin statt, da dies der Insel im Mittelmeer am nächsten lag. Die Bezeichnung „Mediterraner See" bedeutet so viel wie Meditation (als Kurzwort Medi) auf der Erde (Terra ist das lateinische Wort für Erde). Und wenn wir den Mediterranen See heute Mittelmeer nennen, so fehlt uns die Insel Atlantis, die in etwa 1500 Metern Tiefe noch vorhanden ist, wenn auch zerstört.

Das französische Team von Jack Cousteau, hat diese Insel bereits gefunden; aber nicht im Atlantischen Ozean. Ein Video ist im Internet darüber zu sehen, mit einer Spiellänge von ca. 58 Minuten. Was an dem Bild auch ersichtlich ist, der linke Stab, welcher geflochten ist, mit den zwei Mal drei goldfarbenen länglichen Tropfen, zeigt die drei spirituellen Wege der Menschheit, wobei nur der mittlere Weg der Meditation zur geistigen Vollkommenheit führt. In Indien nennt man solche Personen Gurus, das hat aber nichts mit einem Meister des Handwerks zu tun, vielmehr mit einer geistigen Vollkommenheit, die sich dadurch bemerkbar macht, dass eine Person auch ohne hohe schulische Bildung plötzlich Dinge oder Zusammenhänge erklären kann, die eher ein Professor oder Doktor kennen sollte. Es zeigt sich demnach, dass Schulbildung allein nicht zum erhofften Ziel führt, wenn ein einfacher Arbeiter die gleiche Weisheit wie ein Professor oder Doktor erreichen kann, auch wenn dies zeitlich länger dauert, da z.B. in der Kindheit das Gehirn nicht so entwickelt wurde wie bei gleichaltrigen anderen. Setzen wir einmal voraus, jeder Mensch würde nur 30% seines Gehirns nutzen, und das ein Leben lang, so wären es zum Zeitpunkt des Todes aber auch nicht mehr als 30%, was bedeutet, Sie hätten ein Leben lang auf die Nutzung von 70% ihres Gehirns verzichtet, weil es nichts gab, was Sie wirklich interessierte, außer Fernsehen und Sex.

Militärische Gruppen sind ständig dabei, Kultur zu zerstören oder selbige falsch zu erklären, und niemand hindert sie daran. Womit sollten Sie dieses auch tun ...! Wenn eine Diktatur geht, damit eine andere entsteht, ist niemandem damit geholfen; oder wenden Sie doch mal ein braunes

Blatt, welche Farbe hat dann die Rückseite? Wenn Sie immer nur auf den Herbst warten, werden Sie keinen Sommer erleben. Ist Ihnen schon mal aufgefallen, wie müde die Kinder heutzutage sind? Bei zunehmender Strahlung beginnt die Lustlosigkeit derer, die eventuell noch die Möglichkeit sahen, etwas zu verändern.

In Ägypten benötigte man keine Sklavenhändler, um ein Bauwerk zu errichten, auch Bauern waren nur mit ihrer Landwirtschaft beschäftigt; denn bei deren Klima hatten die das ganze Jahr etwas zu tun. Es gibt noch weitere Sehenswürdigkeiten zu entdecken, da stehen Säulen, die am oberen Ende mit Steinbalken verbunden sind, aber selbige haben kein Dach, was an sich besagt, das Dach muss durch eine starke Erschütterung eingestürzt sein.

Die Säulen gehen an sich mehr in die Breite, wie ein Fuß; aber ohne Knie. Die Inschriften an den Säulen wären dann nur ertastbar wie eine Blindenschrift, wenn die Person blind wäre. Auch in Indien an der Eisernen Säule ist Text eingemeißelt, den man somit durch das Berühren mit den

Fingern lesen kann. Eine Eigenart, die rund um den Globus Verwendung fand, auch wenn es verschiedene Völker waren. Aus der Vogelperspektive ist ersichtlich, hier fehlt an sich das Dach. Es wird nirgends darauf hingewiesen, welche Funktion diese Säulen an sich hatten noch weshalb die Säulen dermaßen hoch sind. Da aber ein Stück Geschichte in diese Säulen gemeißelt wurde, kommt das Gebäude einer Galerie gleich, welche in Khalem steht.

In Ägypten gibt es mehrere solcher Galerien; denn die eingemeißelten Hieroglyphen sind ja deren damalige Sprache und anhand dieser Texte können wir feststellen, wie man damals lebte. Vergleicht man die Lebensweise von damals und heute, so fällt mir persönlich auf, dass man uns immer daran erinnern will, so haben wir uns entwickelt. Was im Vergleich zu der Zeit der Neubesiedelung dieser Erde aber in kürzester Zeit geschaffen wurde, sind wir nicht mehr in der Lage nachzuvollziehen. Das liegt wohl daran, dass die Personen, die immer mit geputzten Schuhen ihre Arbeit verrichten, um sich von der Masse abzuheben, ihre eigene Arbeit nicht mehr so ernst nehmen. Im Vordergrund stehen ein hohes Jahresgehalt und all die Verantwortung, die völlig vergessen wird. Es ist unseren Vorgesetzten völlig egal, aus welcher Not heraus wir nach Arbeit suchen. Zuerst ist es wichtig, einen Wohnsitz zu haben, der, wenn unsere Rückwärtsentwicklung so weitergeht in Zukunft nur noch eine Schlafstätte sein wird, um zumindest arbeiten zu können, da die Mieten dann nicht mehr bezahlbar sind. Eine Fortpflanzung ist dann nur noch in der Dritten Welt möglich, da die den Anschluss an unsere Subkultur finden sollen. Daher stehen Fördergelder nur für das Ausland zur Verfügung. Vergleicht man hierzu den Aufbau in Südamerika, wie auch in Mexiko, so hat man 3300 Jahre vor Chr. ohne Stromprobleme Gebäude errichtet, die heutzutage ihresgleichen suchen. Der Lebensraum des Schaffens war harmonisch im Einklang mit dem Wohnen. Heutzutage gehen die gelernten Bauern in die Stadt, um Arbeit zu finden. Weshalb bringen wir nicht die Arbeitsplätze der Landwirtschaftsverarbeitung aufs Land, damit die, die das, was sie geerntet haben, auch dort verarbeiten können. Bei dieser Gelegenheit würde so mancher Handwerker dann aufs Land ziehen, weil es dort für ihn Arbeit gibt, die vorher nicht vorhanden war.

Wenn meine geputzten Schuhe mein Gehirn sind, werde ich wohl kaum Erfolg im Denken haben, denn meine Schuhe können nicht denken.

Ägypten, Teil 3

Erinnern wir uns, was man über die Kultur der alten Ägypter sagt, so war selbige eine Hochkultur, von daher können wir davon ausgehen, wenn ein Bauwerk wie die Pyramiden errichtet wurde, dass hier eine außerirdische Technik angewandt wurde, und dies ist nicht nur eine. Man benötigte keine fünf Dynastien, um dieses Areal zu planen und auszuführen; denn es kam die Technik zur Anwendung, über die wir auch <u>heute</u> verfügen. Uns ist die 3D-Technik bekannt, Stromerzeugung ist uns geläufig, ja selbst die Lasertechnik ist uns bekannt, auch wenn wir selbige nur selten anwenden, zumindest nicht im Baustellenbereich, es sei denn, wir vermessen etwas.

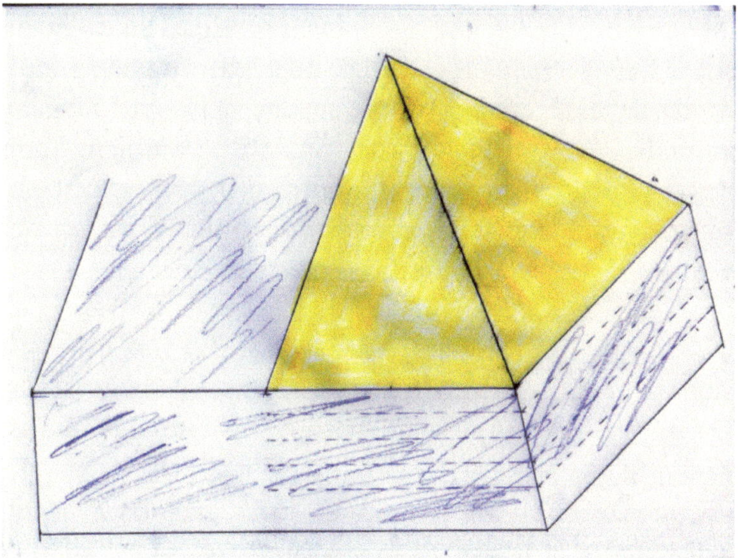

Eine technische Zeichnung anzufertigen überlassen wir den Architekten, denn die werden dafür bezahlt. Somit ist an sich erklärt, wie ein Tempel entsteht, es könnte natürlich auch nur ein Haus sein. Was die Personen betrifft, die etwas bezweifeln und von daher auch nicht erklären können, wie diese Nichtpyramiden entstanden sind, dies liegt wohl an deren schlechter Schulbildung. Es beginnt bei der Form der Beschreibung, indem eine Dreiecksform als Absolutum vorausgesetzt wird, wobei niemals, nicht einmal in einem Lexikon oder einer Enzyklopädie, die wirkliche Form, in Betracht gezogen wird. Weiterhin interessiert sich auch keine Dokumentation in Form eines Videos dafür, ob es überhaupt eine andere Variante als das viermalige Dreieck gibt, welches eine Pyramide darstellt; oder vorhanden ist. Selbst Luftaufnahmen zeigen immer einen Rundgang um alle drei Pyramiden und die Sphinx, in Wirklichkeit ist ein solcher aber nicht vorhanden, da neben der dritten Pyramide der Sand abgetragen wurde, um einen etwaigen Eingang zu finden. Was man fand, war lediglich die wirkliche Form des Unterbaues, welcher im gesamten Mittelmeerraum seine Anwendung fand, abgesehen von den Schätzen der Ramses-Dynastien. Diese Nichtpyramide, steht rechts neben der Cheopspyramide und auf der rechten Seite neben dieser fällt das Gelände etwa schräg ab, von daher ist sichtbar, der Unterbau hat keine solche schräge wie das Dach, welches man Pyramide nennt. Auf Grund dessen ist ein Rundgang um jene Pyramide nicht möglich.

Kommen wir zu den technischen Einzelheiten, die sich in den Pyramiden befinden, so entdecken wir Kabelschächte mit Kabeln aus der Zeit etwa 3000 Jahre vor Chr. Des Weiteren erkennen wir an der Cheopspyramide, an der Spitze, dass hier eine glatte Fläche vorhanden ist und allem Anschein nach der Rest darunter abgerutscht ist, weil offensichtlich auch in keiner Beschreibung, geschweige denn in einem Lexikon, etwas über Goldplatten berichtet wird, die auf dieser Schräge angebracht waren. Das verursachte Erdbeben, durch welches Atlantis versank, ist der Grund des Verschwindens selbiger, von daher kommt auch in keiner Berichterstattung etwas über Stromerzeugung mittels Goldplatten vor. Eine etwas merkwürdige Art, Dinge zu entdecken und im Nachhinein fehlt das Wichtigste an sich. Sollten Sie sich bei Gelegenheit mal im Internet, in Büchern oder im Museum die Personen der damaligen Zeit etwas genauer ansehen, so kann man bemerken, dass der eine oder andere Ramses eine blaue Brille trägt, die so dicht am Kopf getragen wird, dass man diese selten bemerkt, sie ist der Kopfform angepasst. Würde ich Ihnen auch noch die verschiedensten Malereien der Säulen vorstellen, die mitunter eine „zackige" Form am oberen Ende haben, so kann man den Rückschluss dazu annehmen, hier wird dem Strom eine besondere Bedeutung zugedacht, da diese Form in elektronischen Geräten Verwendung findet, wie bei einem Oszillograf oder eben überhaupt in Messgeräten. Diese zeigen in Wellenform, oder nur abgerundet, sie stellen Gas dar, welches je nach Bedarf und Funktion nach oben oder unten zeigt. Kommt man gar auf die Idee, einen Querschnitt zu deuten, der von den Gängen angefertigt wurde, so ergeben verschiedene Räume in ihrer Gesamtheit das Bild einer Kamera, sowie auch die heutigen PC-Kameras, was bedeutet, die Digitaltechnik gibt es bestimmt schon über 10.000 Jahre, wenn auch, nur auf anderen Planeten. Die Außerirdischen brachten ab 3100 v.Chr.

ihre gesamte Technik mit, um sich hier neu anzusiedeln. Während die Presse keine Geheiminformationen zu bieten hat, es fehlen wohl die Geldmittel, so amüsiert sich die Helfer- Forschung über all die Falschinterpretationen, da immer mehr Tatsachen aus dem alten Wissen in neuen Büchern nicht mehr veröffentlicht werden.

Anregungen über einen Videozugang für Laien im Internet sind noch Zukunftsmusik und ob dort dann wirklich alles aus aller Welt gezeigt wird, wage ich zu bezweifeln, weil die Wissenschaft dann in Erklärungsnot geraten würde, weil verschiedene Museen in der ganzen Welt solche Teile ausstellen. Es würden dann immense Kosten auf die Nutzer zukommen, so etwa wie es beim Windows-System der Fall ist, wo fast jedes Jahr eine neue Version erscheint; aber immer mehr abhängig vom Internet, was zum Anfang nicht der Fall war und daher auch kein Ansporn für die Nutzer der PC- Besitzer darstellt. Wenn Sie dann ein Selfmade-Buch im Internet veröffentlichen wollen, sind die Preise so niedrig, als wolle man damit sagen, dies Buch ist nicht mehr wert, kann aber in der gesamten Welt gelesen werden und hat bei Ihnen solange eine Funktion, wie Ihr Computer es zulässt.

Wie man eine Pyramide baut, Teil 1

Ein Hochhaus zu bauen, ist verhältnismäßig einfach, im Gegensatz zu einer Pyramide. Der Unterschied besteht darin, etwas nicht nur in die Höhe zu ziehen, sondern vielmehr ist darauf zu achten, dass die immer enger werdenden Gesteinsreihen nicht nach innen kippen. Wenn Sie drei Steine immer der Hälfte nach aufeinanderstapeln, werden Sie bemerken, dass ab dem dritten Stein das, was Sie bisher gestapelt haben, kippt. Weshalb ist das so?

Wirklich einfach, dies lernen wir schon im Kindergarten, das Ganze bekommt Übergewicht, demnach müssen wir es abstützen und das nicht von außen, sondern von innen. Demzufolge wurden zuerst die Innenräume hergestellt und erst danach wurde das Dach, welches wir als Pyramide bezeichnen, errichtet. Hier taucht eine Unklarheit auf, die besagt: Weshalb hat der Bauherr die äußeren Steine nicht in der Herstellung schon anschrägen lassen, so wie es in den vorangegangen Bildern ersichtlich ist? Denn an der Cheops-Pyramide kann man sehen, dass am oberen Teil das Betongemisch noch vorhanden ist.

Ein künstlich erzeugtes Erdbeben ist die Ursache der Beschädigung, da zu jenem Zeitpunkt Atlantis versank. Demnach standen alle Pyramiden schon. Um die Innenräume und Flure entstehen zu lassen, wurde von außen nach innen gebaut, da dadurch nach außen hin eine Rundumtreppe entstand. Gleichzeitig wurden Tore eingebaut, die verhindern sollten, dass irgendjemand hier eindringt. Nach der Fertigstellung wurden goldene Solarplatten auf die Schräge montiert, die eine doppelte Funktion hatten, indem selbige zum Blenden benutzt wurden, für die, die nicht ihren Zehnten Teil des Einkommens, an die Götter, wie Ramses, abgaben. Des Weiteren spendete diese Solaranlage den nötigen Strom und gewiss auch Informationen an die Außerirdischen, von denen sie abstammten und die stets in ihrer Nähe waren. Wie übermittelt man nun Informationen an eine Spezi-Gesellschaft? Diese Gesellschaft hat zu dem Zeitpunkt des Erbauens der Pyramiden über die Technik verfügt, die wir erst durch die Raumfahrt kennengelernt haben, weil schon in den 1940er Jahren, zu jener Zeit, als man Raketen entwickelte, auch die Satellitenschüssel Verwendung fand. Wenn die Techniker dieser Erde etwas nachbauen, was in einem größerem Maße vorhanden ist, stellt dies keine neue Erfindung dar, da es doch vorhanden ist, wenn auch nicht von den Neandertalern erdacht. Wer diesen Tempel (Pyramide) hat errichten lassen, der war ein wahrer Meister der Architektur, denn das Dach, war gleichzeitig eine Satellitenschüssel, so wie wir selbige täglich benutzen, nur hatte die eine wesentlich größere Reichweite zum Senden und Empfangen.

Wie man eine Pyramide baut, Teil 2

Auf diese Weise geht der Bau des Daches zügig voran, vorausgesetzt die Innenräume wurden vorher errichtet. Anhand der Fotos kann man erkennen, ab der dritten Stufe benötigt man eine Stütze, die der ganzen Sache einen Halt gibt.

Demnach muss die dritte, sechste, neunte, zwölfte Reihe etc. immer eine Stütze oder Wand unter sich haben. Nun stellt sich der Wissenschaft eine neue Frage, weshalb wurden denn keine solchen Steine verwendet, die schon zur Hälfte angeschrägt sind, wie im folgenden Bild zu sehen ist.

Auch hierfür gibt es eine einfache Antwort, nach der Fertigstellung wäre man nicht mehr nach oben gekommen, da die Goldplatten für die Sendestation nach der Fertigstellung erst angebracht wurden. Folgen wir einer mehr kuriosen Idee und würden eine Rampe an die Außenwände in Form der Schräge der Pyramide anbringen, so belastet diese das gesamte Gebäude einseitig, da eine Steigung von maximal 1% möglich wäre. Bei einer Rampe, die achtzig Meter hoch gehen soll, kann keine Steigung von 10% vorhanden sein, demnach wäre die Rampe, die ein Wissenschaftler dieser Erde benötigt, mindestens 12 bis 15 Meter breit und würde dann um das Dach (Pyramide) herumgehen, was zwangsläufig zum Einsturz des Daches führen muss, da das Gewicht der Rampe auf das Dach wirkt. Außerdem wären die „Pyramiden" dann nicht mehr sichtbar, was dem Aufbau widerspricht, der mit Goldplatten auf dem

Dach versehen war. Diese Goldplatten versorgten die Gebäude mit Strom. Es stellt sich mir demnach die Frage, wie die Menschen im 21. Jahrhundert denken, sie sind nicht in der Lage, ein solches Projekt nachzubauen, haben bis zum heutigem Tage noch nicht einmal öffentliche Fotos, die all das, was bisher freigelegt wurde, der Allgemeinheit zugänglich machen. Wir haben Internet und viele weitere Möglichkeiten; aber es fehlt den Menschen schlicht und einfach an Informationen, wie weit wir eigentlich vorangekommen sind in der Forschung; oder belassen wir alles beim Alten, keiner weiß genaues nicht.

Die Genialität aber, mit der das Gebäude (Tempel) errichtet wurde, lässt darauf schließen, dass der Bauherr mehr konnte, als nur Hochhäuser zu bauen, da die Art, wie man die Steine aneinanderklebte, bis zum heutigen Tage keine Verwendung findet. Das, was wir bisher verwenden, ist Klebstoff, der Steine verbindet, mehr nicht. Im Allgemeinen aber verwenden wir Mörtel. An einer Schräge etwas anzuheben, ist an sich nur mit einem Flaschenzug oder Kran möglich, wie wir es bei irdischen Menschen kennen. Da aber die Ägypter und Griechen nicht von dieser Erde stammen, und nicht nur diese Völker, hat man dort auch keine Flaschenzüge verwendet. Denn zu den Zeiten von Moses dem Ersten bis zum Fünften kam die Technik der Außerirdischen zum Einsatz. Als Erinnerung sei das durchqueren eines Flusses genannt, bei dem die Flüchtlinge trockenen Fußes das andere Ufer erreichten, nachdem Moses einen Stab in die Richtung des Wassers hielt. Es kann sich hierbei nicht um einen Ast von irgendeinem Baum gehandelt haben, der hätte keine Wirkung. Was ich Ihnen hierbei vermitteln möchte, ist, im Alten Testament werden uns „Geschichten“ präsentiert, in denen zum damaligen Zeitpunkt den Völkern, die von anderen Planeten abstammten, hier auf dieser Erde, ein Neues Zuhause geboten wurde. Mit der Zeit vergessen die Menschen im Allgemeinen die Not, aus der sie flüchteten, um den alten Gewohnheiten wieder nachzugehen. Wird man aber öfters mal an die Vergangenheit erinnert, dann wird einem gewahr, wem man an sich dankbar sein sollte.

Was aber noch viel unsinniger ist, weshalb sollte man Steine, die in eine Schubkarre passen, mit Baumstämmen eine Rampe emporbringen und selbige dann erst in der Höhe bearbeiten, wo sie gebraucht werden? Mein Hinweis sei folgender: Wenn ich eine Pyramide besteigen kann, dann ist eine Stufe nicht höher als 50 Zentimeter. Da man zurzeit von Moses (=Ramses (RA mses)) folglich nicht nur das Rad kannte, sondern eine Technik verwendete, die auch heutzutage noch Verwendung findet, benutzte man USOs. Wende ich eine Technik an, indem ich Steine aneinanderklebe, so tut die Sonne ihr Übriges, um das Ganze schnell trocknen zu lassen, und eine Verarbeitung ist in kürzester Zeit möglich. Setze ich eine Höhe von 80 Metern voraus, ergibt dies etwa 160 Reihen Steine, bei einer Stufenhöhe von 50 cm. Folglich muss ich 80 mal jeweils eine Zweierreihe pro Pyramidenseite stapeln und auf die untere Reihe aufkleben. Wenn ich pro Tag nur zehn Doppelsteinreihen schaffe, ist die sichtbare Pyramide in acht Tagen errichtet. Selbst wenn ich 16 bis 21 Tage bräuchte, wäre dies ein absoluter Baurekord. Hinzu käme natürlich noch die Zeit, um die Innenräume zu errichten, was an sich den Hauptteil der Zeit in Anspruch nimmt. Das ist nicht in 14 Tagen erschaffen, da hier die 7 Tonnen schweren Steine Verwendung fanden, die erst den Aufbau des pyramidenförmigen Daches ermöglichten. Wollten Sie aber, nachdem Sie die Innenräume errichtet haben, Stein für Stein, ein schräges Dach errichten, ohne einen „Dachstuhl“ als Unterbau zu haben, worauf wollten Sie dann einen Stein befestigen? Würde das Dach, gemeint ist hier die sichtbare Pyramide, aus Dachziegeln bestehen, so hätte das Gebäude einen Dachstuhl, der aber keine 2000 Jahre überlebt hätte, weil das Holz bis dahin vertrocknet wäre. Daher gab es nur eine Möglichkeit, ein solches Gebäude zu errichten; denn Metall war vor Ort auch nicht vorhanden, außer Gold. Eine weitere Möglichkeit der Stabilität wurde außerdem mit einberechnet, es ging hierbei um die Erdbebensicherheit, denn wenn die Grundsteine nur nebeneinandergestellt wären, ohne seitliche Verankerung, könnte das kleinste Beben die gesamte Konstruktion verschieben und zum Einsturz bringen.

Wie man eine Pyramide baut, Teil 3

Man sollte es nicht glauben, wie einfach es ist; oder besser gesagt, wie genial ein Architekt denken muss, um mit einem Minimum an Personal auszukommen, ohne sich Sklaven halten zu müssen. Zu Beginn benötigt man eine Küche oder, um es modern auszudrücken, eine Kantine; denn jeden Tag nur Fladenbrot ergibt keine Abwechslung. Denn wenn ich etwas schaffe, was Generationen überdauern soll, dann sollte das auch gut überlegt und geplant sein. Kommen wir zu der Bauplanung an sich, die Sphinx hat vier Nischen im Inneren. Diese Nischen waren zur Zeit der Nutzung Kochnischen, dies sieht man daran, dass an den Seiten vier kleine Schornsteine oder besser gesagt Abluftkanäle vorhanden sind, demnach wurde in der Sphinx gekocht, so wie bei Muttern am Herd. Schlussfolgernd aus der Tatsache, dass nur wenige Personen an den Nischen Platz hatten, maximal acht, kann die Zubereitung an Mahlzeiten, auch nur für eine geringe Anzahl an Menschen möglich sein. Die Theorie, dass Tausende von Sklaven die Pyramiden errichtet haben sollen, kann demnach nicht stimmen; denn wovon wollte man denn all die Sklaven beköstigen, die doch schon beim heranbringen der Steine alle umgekommen wären, weil unterwegs doch nichts wächst. Wenn nur tausend Sklaven eine Strecke von etwa 100 Kilometer zurücklegen, ohne Essen- und Wasservorräte, wären diese etwa zwei Tage lang unterwegs. Dann müssten selbige noch die Steine aus dem Gebirge schlagen, was auch nicht von heute auf Morgen geht. Nicht zu vergessen wäre, wer bringt dann die Baumstämme, auf welchen die Steine dann angeblich transportiert worden sein sollen, zu dem Steinbruch und wer versorgt diese Sklaven dann mit Nahrungsmitteln? Wichtig zu bedenken ist noch, in der Wüste wachsen nur Palmen und keine Eichen, von daher ist zu erwähnen, wenn die Palmen demnach dünner sind, wäre ihre Tragkraft auch geringer, abgesehen davon, wie viel Zeit es dauert, bis solch eine Palme die Höhe hat, um schwere Lasten zu tragen, das wären mindestens 20 bis 30 Jahre. Auch stellt sich die Frage, wie hat man dann alle Baumstämme auf den gleichen Durchmesser gebracht? Ihre Antwort wäre dann, man hat bestimmt Kamele dabeigehabt; aber das wären dann pro Person mindestens zwei Kamele. Das wären zweitausend Kamele und eintausend Sklaven. Die Massengräber derer wurden bis zum 21. Jahrhundert nicht gefunden, was heißt, es kann nicht sein, dass Sklaven unterwegs waren.

Nehmen wir außerdem noch die Möglichkeit, dass Elefanten zum Einsatz gekommen sind, auch solche Überreste hat man nicht gefunden, wenn wir Überreste von Sauriern aus der letzten Eiszeit gefunden haben, weshalb fehlen dann die Überreste der Tiere, die dort angeblich verwendet wurden. Es gibt eine einfache Erklärung für all dies, dort, wo man keine Sklaven benutzte, können auch keine Sklaven etwas geschaffen haben; aber dort, wo man den Menschen versklavt, da entsteht so etwas wie eine Subkultur, als Beispiel sei hier die „Neue Kultur-/Subkultur in Europa" erwähnt.

Die Kultur der Ägypter aber ist eine außerirdische und die ist hohe Schule. Dort verwendete man keine Sklaven, um etwas Bleibendes zu schaffen. Wenn Sie mal die Bibel gelesen haben, dort erscheint Moses insgesamt fünfmal, was den Ramses-Dynastien gleichkommt, demnach ist Moses immer Ramses. Ra= Sonnengott und Moses in Kurzform ist mses. Das „O“ wird weggelassen, da der Sonnengott wesentlicher ist als die Feststellung, dass die Person, die jüngste im Raumtransporter war (Moses).

Kommen wir zur Erbauung der Pyramiden: Wenn man mehrere Steine so aufeinanderstapelt, dass immer die Hälfte über dem unteren Stein steht, passiert folgendes: Ab dem dritten Stein fallen alle Steine herab, daher hatten alle vorherigen Pyramiden nur drei Stufen; oder waren innen ausgefüllt mit Mauerwerk, wenn selbige mehr als drei Stufen hatten. Die Technik bzw. die Baukunst der Cheopspyramide liegt darin, dass selbige so präzise ist, dass die Steine zusammengeklebt wurden, von daher passt auch keine Rasierklinge in die Spalten, die bei Steinen, die mit einem Meißel bearbeitet wurden, was bedeutet, die Steine wurden mit einem Laser geschnitten; denn nur dann hat man keine Zwischenräume. Da es aber zu jener Zeit noch keinen Laser gab oder zumindest gab es noch kein Patentamt, das solche Registrierte, können nur Außerirdische hier ihre Finger mit im Spiel haben. Die Bauweise ist an sich einfach gestaltet, es wurden immer zwei Reihen Steine aufeinander geklebt, dann hob ein USO die beiden Reihen an und setzte selbige auf die untere Reihe, die schon mit Klebstoff bestrichen war. Dieser Klebstoff trocknete so schnell, dass der Bau einer achtzig Meter hohen Pyramide etwa drei bis vier Jahre andauerte. Davon ausgehend, dass die Innenräume zuerst geschaffen wurden, kann man annehmen, dass der gesamte Tempelbau (Pyramidenbau) nur jeweils drei Jahre dauerte, da in solch einer Gegend das ganze Jahr über günstige Temperaturen herrschen. Wenn man heutzutage das gesamte Gelände, welches freigelegt wurde, übersieht, so kann man sagen, dass etwa zwanzig Jahre Bauzeit für alles, was dort noch steht, verwendet wurden, in Folge der Dynastien. Überdenkt man im Gegensatz dazu, das man heutzutage zehn Jahre und mehr nur für den Bau eines Bahnhofs benötigt, so ist das Tempo, oder besser gesagt, die damals anwandte Technik unserer heutigen bei weitem überlegen und wir schreiben bereits das Jahr 2017 n. Chr.!

Wollen Sie mit mir eine Pyramide bauen? Dann versuchen wir uns einmal uns vorzustellen, wie dies in etwa aussehen soll. Das Erste, was wir benötigen, ist Personal, was Spaß am Arbeiten hat. Das Nächste ist die Schaffung einer Bodenplatte, die aus Beton sein soll, wegen der Standfestigkeit des an sich schweren Gebäudes. Gleichzeitig wird eine Küche bzw. eine Kantine errichtet, die für das Essen und Trinken zuständig ist. Nachdem die Küche fertiggestellt ist, kann die Bodenplatte für den größeren Teil der Tempelanlage geschaffen werden. Zur gleichen Zeit begeben sich die Arbeiter mit dem Laser in ein Gebirge, wo Steine aus dem Berg geschnitten werden, die eine längliche Form haben und etwa 7 Tonnen pro Stück wiegen. Das ist das Gewicht eines klein Lkws der vollbeladen ist, nur mit dem Unterschied, der Lkw hat Räder, der Stein nicht. Einen Stein, der die Größe eines klein Lkws hat, mit Hammer und Meißel bearbeiten zu wollen, wäre zur Passgenauigkeit der vorhandenen Steine nicht gegeben, da die Steine dann poliert werden müssten, was allein schon Jahrzehnte dauern würde. Da aber für den Bau eines Gebäudes ein Zeitplan vorgegeben ist, kann ich nicht nur drei Monate im Jahr an einem Gebäude etwas tun, von daher kann es weder Bauern noch Sklaven gegeben haben, die dieses Gebäudeareal errichtet haben. Der Transport für nur einen Stein solcher Größe, auf einem Schiff hätte allein schon mindestens ein bis zwei Wochen gedauert, da man nach den Feststellungen der Wissenschaft zu jener Zeit dann gegen die Strömung mit Segeln gefahren wäre, was ich mir nicht vorstellen kann, wo doch da so wenig Wind weht ....!

Eine weitere Parallele fand ich bei dem Produkt „Beton“, wie kommen die Ägypter zu diesem Baustoff, den man auch für Stonehenge verwendete? Die äußere Form des pyramidenförmigen Daches ist mit Beton verputzt. Ein Baustoff, der erstmals 3700 bis 3500 vor Chr. Verwendung fand und dies, obwohl nur 1500 Jahre vorher die Sintflut wütete. Dieses Material ist demnach außerirdischer Herkunft; oder meinen Sie „ein“ Sintflut-Überlebender hat erst Stonehenge und dann das Tempelareal der Pyramiden geschaffen? Es wird nichts über solch eine Person berichtet, weder in der Bibel noch im Koran. Gehen wir weiter voran, die Sphinx ist bereits errichtet, den Bauarbeitern geht es gut, die Stimmung ist gut, es werden die Innenräume, die sich unter dem Dach, sozusagen im Keller, befinden, errichtet und die Grundmauern, die sich aus den 7 Tonnen Steinen zusammensetzen, stehen bereits. Nach Angaben der Wissenschaft, hätte nur der Unterbau allein schon 20 bis 30 Jahre gedauert, wenn man die Technik angewandt hätte, die wir heutzutage benutzen. Das Merkwürdige an der ganzen Sache ist, nirgendwo in der Bibel ist die Rede davon, dass zur Zeit von Moses, ein Tempel errichtet wurde, obwohl doch diese Tempelanlage selbst Jesus bekannt war; denn der lernte doch bei den Pharisäern und Schriftgelehrten, folglich in den Pyramiden.

Bauen wir also weiter an dem Tempel von Ramses, der

von außen so aussieht, als wäre es eine Pyramide. Das Kellergewölbe ist fertig und der Baumeister hat nicht vor, ein Hochhaus zu errichten, vielmehr soll eine Sende- und Blendeanlage her. Mir ist bekannt, jetzt möchten Sie alle über mich herfallen, weil es Ihrer Meinung doch nur eine Pyramide ist und an wen wollen Sie denn jetzt etwas senden? Es gibt doch nur uns! Sie haben vergessen, dass 1500 Jahre vor Stonehenge nichts Intelligentes mehr existierte; aber „Gott" machte einen Bund zwischen dem Menschen und sich, er wolle nie wieder Menschen ertrinken lassen, demnach keine Sintflut mehr entfachen und das hat er gehalten, bis zum heutigen Tag. Nun haben Sie dann noch ein Problem, weshalb will man Menschen blenden? Gebe ich nach den Worten des Alten Testamentes einen zehnten Anteil an den Ramses oder jeweiligen König, so sorgt dieser sich dann um mich, wenn ich in Rente gehe. Verweigern Sie die Steuern, so sorgt später auch keiner für Sie, eine logische Schlussfolgerung.

Bauen wir weiter an dem Dach und den Inneneinrichtungen, die sich auch im Keller befinden. Es werden die elektrischen Leitungen gelegt, die später an die Goldverkleidung angeschlossen werden, die Zentralheizung im Keller wird installiert und mit der späteren Solaranlage provisorisch aufgebaut. Der Aufbau der Innenräume für das Dach geht zügig voran, sodass Teile des Daches entstehen können. Es entsteht sozusagen eine parallele, beim Innenauf- und -ausbau und dem Errichten des Daches. Bei einer Bauzeit von etwa 1 bis 2 Jahren für den Innenteil der Räume des Daches und dem Dach wäre das eine lange Zeitspanne. Folglich gebe ich dem Bau der Cheopspyramide eine Bauzeit von circa drei Jahren mit einer völlig anderen Technik, als unsere Wissenschaftler es uns auf ihre Art mitteilten. Es bestehen große Unterschiede zwischen nicht nachvollziehbaren Tätigkeiten, da wesentliche Faktoren einfach ignoriert werden und von daher zu Fehlinterpretationen führen. Demnach, woher wollen Sie Unmengen an Sklaven nehmen, wenn kein Leben mehr vorhanden ist, nach einer Sintflut! Der Kosmos ist groß genug, um neue Menschheiten hervorzubringen, es gibt etliche Galaxien, auf denen es mindestens gleichwertiges Leben gibt. Wenn die aber täglich mehrere Lichtjahre unterwegs sind und wir eventuell in einem halben Jahr anstatt in einem Jahr auf dem Mars sind, um was sind wir dann klüger? Bewohner von anderen Planeten machen es uns vor, dass das, was relativ wörtlich gesehen nur für den Planeten gilt, auf dem man sich befindet, wieso will man dann diese „Vermutung" verallgemeinern? Und die sind täglich unterwegs, die Sternwarten könnten dies bestätigen.

Was ich persönlich tun würde, wenn ich an einer Theorie meine Zweifel habe, ich erforsche mit Beobachtung, wie sich etwas verhält, um zu sehen, welches Ergebnis dabei herauskommt. Ein Beispiel: Bei sternenklarem Himmel kann man sehen, ob sich etwas im Kosmos bewegt. Wenn es sich unter der zweifachen Lichtgeschwindigkeit fortbewegt, kann man es mit bloßem Auge erkennen. Folglich kann ich nur das sehen, was in der Realität vorhanden ist, auch wenn es mehrere Lichtjahre entfernt ist; oder sind Ihre Augen so schlecht, dass Sie nur den Mond und die Sonne sehen? Auch die Planeten, die Lichtjahre und abertausende Lichtjahre entfernt sind, die sehen Sie hier und jetzt, in dem Zustand, in dem diese momentan sind, was bedeutet, Sie können bei gutem Wetter Tausende von

Lichtjahren weit sehen und sehen die Realität, die in diesem Moment vorhanden ist und nicht den Zustand, der vor 10.000 Lichtjahren dort oben war. Weshalb ist das so? Sie können nicht in die Vergangenheit des Kosmos sehen, weil Sie weder Hellseher noch Gott sind. Und wenn es Ihnen möglich ist, den Kosmos an seinem äußerstem Rand zu berühren; dann werden Sie sagen: Ich bin am Ende angelangt; aber vielleicht finde ich noch ein Schlupfloch, in das ich mich zurückziehen kann, um nicht zugeben zu müssen, der Einstein ist nicht der Weisheit letzter Schluss, denn er sagte, alles ist „relativ", es kann auch anders sein, bei anderen Voraussetzungen. Setze ich voraus, dass es auch auf anderen Planeten Menschen gibt wie uns, so erklärt sich anhand dieser Tatsache, weshalb sollten die Weltwunder, die hier auf dieser Erde vorhanden sind, nicht von denen stammen, die sich uns nie so zeigten, wie sie sind! Es gibt dafür eine einfache Erklärung, wie häufig wollten Sie mir an die Gurgel gehen, während Sie dieses Buch lesen? Ihre Antwort wäre, mehrmals, da Sie solche Überlegungen nie angestellt haben; oder ihr Lehrstoff in der Schule von anderen Voraussetzungen ausgegangen ist. Der Affe war immer so faszinierend und sieht uns doch so ähnlich; aber Pyramiden baut der nicht.

Überdenkt man im Gegensatz dazu, dass man heutzutage acht Jahre und mehr nur für den Bau eines Bahnhofs benötigt, so ist das Tempo oder besser gesagt, die damals anwandte Technik unserer heutigen bei weitem überlegen. Nicht nur die Technik war oder ist noch heute unserer bei weitem überlegen; aber da fehlt noch eine Kleinigkeit, die ist mir im Fernsehen aufgefallen: Dort berichtete ein Reporter aus Kuba, dass die Straßensteine auf der Oberfläche poliert werden, bevor selbige öffentlich genutzt werden. Die seitlichen Grundsteine der „Pyramiden“ sind allesamt auf sechs Seiten poliert und wiegen pro Stück sieben Tonnen. Erklären Sie doch mal jemanden, weshalb sollte man Grundsteine polieren? Auch gibt es keinen Diamanten, der so genau auf einen tausendstel Millimeter eine gerade Fläche schneiden kann, abgesehen davon, wie viel Zeit nur allein für die Grundsteine verstrichen wäre. Da gibt es angeblich Forscher, die „Keile“ in den Stein treiben, um selbigen an der „Maserung“ zu sprengen, was so viel bedeutet wie, so, wie der Stein „gewachsen“ ist, wird selbiger gesprengt; aber ein Stein wächst nicht in sechs Richtungen gleichzeitig, sondern nur in eine. Auf diese Art kann ich selbigen zwar aus dem Gebirge sprengen, aber um eine gleichmäßige Form zu bekommen, bedarf es mehr, als nur Keile und Wasser zu benutzen, zuallererst sollte man das Gehirn benutzen, um nicht wirre Theorien zu entwickeln, die sich schon in der ersten Phase widersprechen. Fast zeitgleich entwickelten sich die Maja, Inkas und Azteken wie die Ägypter, Türken und Griechen, ca. 3500 bis 3300 v.Chr., auch die Syrer waren nicht wesentlich früher anwesend. Eine solch genau Zeitangabe haben nur die südamerikanischen Urvölker. Die einzige Möglichkeit, hier auf dieser Erde zu landen, war Stonehenge, was die Wissenschaft bisher nicht in Betracht zieht, auch die Sintflut fällt völlig unter den Tisch, da alles Leben auf dem Lande so gut wie ausgestorben war. Der Neandertaler und seine Nachkommen sind das Einzige, woran sich die Wissenschaft klammert, um nicht selbst baden zu gehen. Wenn also Noah ein Außerirdischer war und seine Familie mit in sein USO (Raumschiff) nahm, um diese Welt zu verlassen, weil es 365 Tage regnete, dann kann es nicht sein, dass Noah sich Sklaven anschaffte nachdem das Wasser wieder sank, um Pyramiden und Tempel zu bauen. Woher sollen demnach die Sklaven gekommen sein, die doch vorher alle ertrunken sind? Setzen wir voraus, dass etwa 6000 Jahre vor Chr. die Menschheit so stark dezimiert wurde, dass etwa 500 Personen auf dem damalig noch einen Kontinent überlebten, so wäre es unwahrscheinlich, dass 500 Jahre später die ersten Pyramiden gebaut wurden und an mehreren anderen Stellen gleichzeitig ähnliche Bauten entstanden und weshalb sollten ausgerechnet die Priester und Schriftgelehrten die Sintflut überlebt haben, die hätten dann wohl auch den Planeten Erde verlassen. Man sollte hierbei den Moses nicht vergessen, der doch seit Entstehung der Erde immer dabei war und uns beschreibt, wie alles begann, dann aber all die „Eiszeiten" nicht erwähnt, als ob es die nie gegeben hätte, und beginnt an sich erst nach der letzten Eiszeit, mit der Zeugung von Adam und Eva (Heva= Heilige Eva). Der Zeitraum zwischen der letzten Eiszeit, demnach der dritten in Folge, und dem Zeitraum bis zur Sintflut, sowie des Unterganges von Atlantis ist in der Bibel des Alten Testamentes niedergeschrieben, die Zeit davor ist demnach keine Entwicklung, auch wenn es so etwas wie einen „Neandertaler" gegeben hat. Das, was man als Mensch bezeichnen kann, begann erst nach der dritten Eiszeit bzw. nach der Sintflut. Dass angelerntes Wissen weiterhin verwendet wurde möchte ich nicht in Abrede stellen; aber die Osterinseln als Beispiel zeugen nicht von hoher Intelligenz der damaligen Gesellschaft, vielmehr sind die Scheiben aus Metall, die drei Zähne wie eine „Kreissäge" haben, ein Zeichen dessen, dass hier Außerirdische anwesend waren. Mit diesen „Scheiben“ kann man Bäume fällen sowie Tunnel und unterirdische Kanäle. Diese leben an sich erneut, denn auch Außerirdische haben diese Sonne bzw. diese Erde erschaffen, die dann später zu einem Planeten umfunktioniert wurde. Es ist bestimmt keine einmalige Angelegenheit im Kosmos. Wenn wir uns die Planeten in der Milchstraße ansehen, so werden wir dort auch desgleichen vorfinden, wenn unsere Raumfahrt so weit ist, in etwa 500-1000 Jahren, wenn die Erde dann noch besteht.

Wie man eine Pyramide baut, Teil 4

Alles beginnt mit der technischen Planung, indem ein Architekt einen Entwurf tätigt, hierzu ist eine fachliche Qualifikation von Bedeutung, da verschiedenartige Gebäude auch dementsprechend anders gehandhabt werden. Es beginnt demnach mit einer technischen Zeichnung, die in einem bestimmten Maßstab angefertigt wird. Ist diese Leistung erbracht, so kann der Baugrund vermessen werden und wird wie eh und je mit Stabmarkierungen an den äußeren Ecken gekennzeichnet, hier als gelber runder Pfosten ersichtlich, der etwas aus dem Boden ragt oder gegebenenfalls mit Rundungen versehen ist.

Hier ersichtlich, als graue kurze längliche „Steine“ zwischen den großen „Blöcken“, wiederum ist auch dies ein Fehler, denn es sind zu viele von denen an einer Stelle, weil diese wohl nachträglich dort hingestellt wurden, denn sie ergeben keinen Sinn zur Vermessung des gesamten Areals. Was aber verwunderlich wäre, wenn es nicht so ist, wie ich es beschrieben habe, weil außerhalb des „Steinkreises“ zwei weitere Lochreihen vorhanden sind, demnach fehlen hier weitere „Steinkreise“ und deren Steinvermessungsstäbe, die wohl, so aus dem Bild ersichtlich, nach innen versetzt wurden, die aus heutiger Sicht, auch nicht mehr vorhanden sind. Im Allgemeinen beginnt man danach mit den Ausschachtungen für das Fundament, um eine Grundplatte zu errichten. Ist diese fertiggestellt, so kann mit dem eigentlichen Bauwerk begonnen werden. Eine Pyramide hat grundsätzlich eine Dreiecksform, von daher kann dies, was in Ägypten und in Mexiko steht, keine Pyramide an sich sein, da schon die Grundmauern einen anderen Winkel aufweisen als der Teil, der als Pyramide über der Erde ersichtlich ist. Der Sockel hat nur eine leichte Schräge, da auf selbigem die gesamte Last ruht, die sich in etwa auf eine Höhe von 130 Meter erstreckt, wie bei der Cheopspyramide.

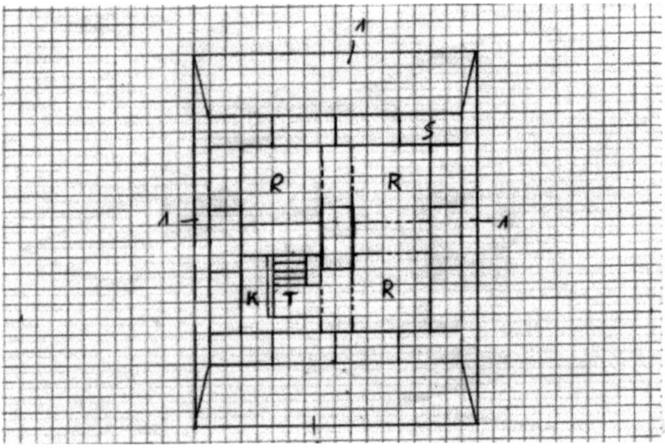

Die 1 ist der Sockel, der verputzt ist, als Querschnitt in der Oberansicht, so wie auch unsere Häuser bearbeitet werden. Das R stellt die Räume dar, das T ist die Treppe und das K ist eine Kammer, in welcher z.B. ein Weiser aufbewahrt wurde. Beide Formen zusammen ergeben dadurch keine Pyramide, weil sie kein Dreieck ergeben. Für die Besucher ist nur das Dach sichtbar, von daher die dreieckige Pyramidenform. Rechnerisch und wissenschaftlich gesehen ist die Bezeichnung Pyramide demnach völlig falsch, aus purer Bequemlichkeit wird ein Wort benutzt, um eine „Sichtweise“ zu beschreiben. Beziehen wir dann auch noch den Urzustand des „Daches“ ein, so kommen wir dahin, es ist für uns ersichtlich, dass es im Mittelmeerraum eine große Katastrophe gegeben hat, da an der Spitze des Cheopsdaches keine Stufen zu sehen sind; aber die selbige von der

Form her glatt ist.

Schlussfolgernd daraus sollte man feststellen, zu jener Zeit, wurde mit der Methode des Verputzens eines Gebäudes gearbeitet, demnach ist Beton und Mischmaterial zu der Zeit der Errichtung von dem Gestell „Stonehenge“ sowie der „Pyramiden“ in Ägypten und Mexiko bekannt, desgleichen verhält es sich mit der Solarenergie. Die Jahreszahlen sind ab etwa 3700 vor Chr. zu verzeichnen, wobei in Deutschland erst in den 1980er Jahren die Solarenergie an Bedeutung gewann und Anwendung fand, dies sind etwa 4700 Jahre später seit Vorhandensein selbiger. Sehen wir uns die folgende Skizze an, so sollte die gelbe Farbe an sich golden sein, solche Buntstifte fehlen uns.

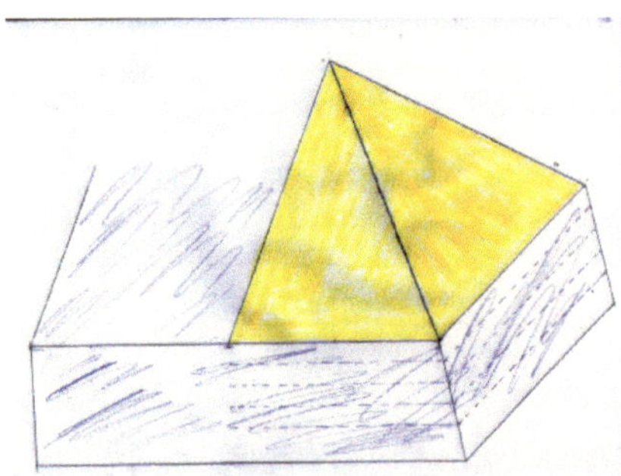

Der Unterbau ist grau, da er höchstwahrscheinlich aus Beton besteht, wie so vieles an dem Tempel. Die gestrichelten Linien deuten an, hier besteht das Fundament aus den Blöcken der 7-Tonnen-Steine. Der Vorbau an der Pyramide ist ein Teil vom Unterbau des Daches in Pyramidenform. Dieser ist als solcher auch nicht erkenntlich, da die Besucher auf selbigem stehen und dieser mit Sand bedeckt ist. Unsere Wissenschaft hat demnach kein Verhältnis zur Realität, da Formen, die keinerlei Überlieferungen haben, folglich auch nicht von dieser Erde sind bzw. sein können, aber eine maschinelle Produktion benötigen. Auf Grund dessen, weil wir keine Überreste von Maschinen gefunden haben, geht man davon aus, es gab folglich auch keine, was eigentlich im Widerspruch dazu steht, wenn ich Bilder finde, die besagen, hier sind Teile hergestellt worden, die auch eine „manuelle" Herstellung ermöglichen, indem ich lediglich eine Form benutze, die mir vorgegeben ist.

Das beste Beispiel hierbei ist Griechenland, hier wurden Säulen mit Formen hergestellt, die nirgendwo gefunden wurden; aber Bilder davon sind auf Vasen oder Krügen vorhanden. Desgleichen findet man in Ägypten zu jener Zeit die Nutzung der Sonnenenergie mittels Goldplatten, die nicht nur als Verkleidung des Daches genutzt wurden, sondern das gesamte Dach wurde als Satellitenschüssel zum Senden in eine andere Galaxie genutzt. Es versteht sich von selbst, auch innerhalb der Atmosphäre konnte man sich über Funk dadurch verständigen. Beziehen wir unseren vermeintlichen Fortschritt auf die damalige Vergangenheit, etwa 3500 vor Chr., so sehen wir heute auch keine Satelliten mehr, die zu jener Zeit vorhanden waren; aber wer sagt uns, welche Form die hatten, denn wenn wir im Jahre 2000 auf einem Kometen landeten, der genauso gut etwas außerirdisch Gesteuertes gewesen sein könnte, dann haben wir immer noch nicht festgestellt, wie alt jener Komet eigentlich war und ob dieser nicht schon des Öfteren in Erdnähe war; oder war dies ein Satellit getarnt als Komet? Um einem Gebäude eine Funktion zu geben, bedarf es demnach genauer vorheriger Planung, um all die Möglichkeiten auszuschöpfen, die bei solch einem Unternehmen entstehen. Es ging hier nicht darum, ein Grab oder eine Wohnstätte zu errichten. Des Tempel wurde in seiner Gesamtheit genutzt, angefangen von der Sphinx, deren Form im Laufe der Jahrtausende auch verändert wurde, was bisher aber nur so nebenbei erwähnt wird, da wieder mal ein unbekannter Forscher etwas entdeckte und dies auch als nicht typisch ägyptisch beschrieben hat, der Wissenschaft aber fehlen die Nachweise; oder man will sie nicht einbeziehen in die damalige Hochkultur. So kann gesagt werden, im Keller errichtete man Räume, die eine kosmische Kopie darstellen, indem keine „Türen" vorhanden sind und wollte man weitere Universen kennenlernen, so müsste man eine, eventuell auch mehrere Mauern durchbrechen, denn hinter diesen Mauern liegen die sterblichen Überreste derer, die solch eine Weisheit hatten, die unseren Politikern und Wissenschaftlern fehlt. Bildung ist mit Weisheit nicht gleichzusetzen, da wir in Schulen und Universitäten nur dies lernen, was bis zu diesem Zeitpunkt der Wissenschaft bekannt ist. Auch ist dies der Öffentlichkeit im Allgemeinen nicht zugänglich, weil ansonsten jeder Bürger auch studieren würde oder zumindest auch diese neuesten Informationen hätte, was genaugenommen erfreulich wäre, wenn es auch nicht für jeden Bürger verständlich ist. Der Begriff „Weisheit“, hat etwas mit Erfahrung und Erkenntnis zu tun, indem durch Gespräche dies weitergegeben wird, was ein Fehlverhalten meidet, so kann es von daher kein Erdbeben im Mittelmeer gegeben haben, welches sich auf natürliche Weise ereignet hat und sich im Zeitraum 20.000 Jahre vor Chr. ereignet haben soll; denn, so die Wissenschaft, hätte es den Urkontinent zu jenem Zeitpunkt nicht mehr gegeben, was nicht sein kann, da z.B. Atlantis erst kurz vor Chr. Geburt versank. Erkenntlich daran, es gibt nach der Zeit der Propheten keine weitere „Normalisierung“ des Alten Testamentes, als den Untergang von der Erde, was bedeutet, die vielen verschiedenen 52 Rassen aus dem gesamten Universum haben sich lediglich 3100 Jahre miteinander vertragen, um dann von Außerirdischen bestraft zu werden, indem der Urkontinent zerbrochen wurde, weil die Machtverhältnisse zu ständigen Kriegen führten. Sehen wir uns die politische Situation heute an, so kann man sehen, es hat sich nicht viel geändert, wir gründen immer mehr Parteien, einen entscheidenden Schritt vorwärts aber kommen wir nicht. Wenn Sie nun noch immer darüber grübeln, wie man eine Pyramide baut, so sollten Sie berechnen, wie viele Tonnen Druck auf die Grundplatte und den Grundsteinen ausgeübt werden, wenn eine Schräge von etwa 45 Grad in 80 Metern Höhe entsteht. Nicht zu vergessen wären die wenigen Räume, mit den Gängen und seinen Fallen, folglich ist das gesamte Gebäude sehr Kompakt ausgefüllt mit Steinen. Pro Steinreihe ergibt es immer eine Stufe und anhand der Höhe der Steine ließe sich ein etwaiges Gewicht pro Steinetage errechnen, zu beachten wäre natürlich, der Umfang wird von unten nach oben, immer kleiner. Hinzu käme das Gewicht des Betons zur Verkleidung des Daches und des Unter- und Vorbaus sowie das Gewicht der Goldsolarzellen, für vier Seiten der Pyramide. Bei drei verschieden hohen Pyramidendächern müssen demnach auch drei verschiedene Pläne ausgearbeitet worden sein, da auch die Räumlichkeiten verschieden aufgebaut sind. Da wir bereits seit dem 19. Jahrhundert an der Forschung und Plünderung selbiger Gebäude tätig sind, ist es nicht vorstellbar, dass irgendwann einmal eine von Grund auf ehrliche Feststellung getroffen werden kann, in der festgestellt wird, so etwas zu errichten, wäre 2.000 Jahre nach der Sintflut nicht möglich gewesen, da keinerlei Mittel zur Verfügung gestanden haben. Es gibt keine Übergangsphase, die bestätigen würde, dieses Wissen gab es schon vor der Sintflut und wurde von einigen wenigen der Überlebenden danach errichtet. Hierzu würden weiterhin die Unmengen an Sklaven fehlen, die doch alle ertrunken waren; oder haben die Haifische dieses übersehen? Wie sagt man doch so schön, wenn etwas nicht passt, wird es passend gemacht; aber stimmen muss es dann nicht, nur schade, dass man es dann auch so falsch gelernt hat. Überdenkt man im Gegensatz dazu, dass man heutzutage acht Jahre und mehr nur für den Bau eines Bahnhofs benötigt, so ist das Tempo oder besser gesagt die damals anwandte Technik unserer heutigen bei weitem überlegen. Nicht nur die Technik war oder ist noch heute unserer bei weitem überlegen; aber da fehlt noch eine Kleinigkeit, die ist mir im Fernsehen aufgefallen: Dort berichtete ein Reporter aus Kuba, dass die Straßensteine auf der Oberfläche poliert werden, bevor selbige öffentlich genutzt werden. Die seitlichen Grundsteine der Pyramiden sind allesamt auf sechs Seiten poliert und wiegen pro Stück sieben Tonnen. Erklären Sie doch mal jemandem, weshalb sollte man Grundsteine polieren? Auch gibt es keinen Diamanten, der so genau auf einen Tausendstel Millimeter eine gerade Fläche schneiden kann, abgesehen davon, wie viel Zeit nur allein für die Grundsteine verstrichen wäre. Da gibt es angeblich Forscher, die Keile in den Stein treiben, um selbigen an der Maserung zu sprengen, was bedeutet, so wie der Stein „gewachsen“ ist, wird selbiger gesprengt; aber ein Stein wächst nicht in sechs Richtungen gleichzeitig, sondern nur in eine. Auf diese Art kann ich selbigen zwar aus dem Gebirge sprengen; aber um eine gleichmäßige Form zu bekommen, bedarf es mehr, als nur Keile und Wasser zu benutzen, zuallererst sollte man das Gehirn benutzen, um nicht wirre Theorien zu entwickeln, die sich schon in der ersten Phase widersprechen. Fast zeitgleich entwickelten sich die Maja, Inkas und Azteken, wie die Ägypter, Türken und Griechen, ca. 3500 - 3300 v.Chr., auch die Syrer waren nicht wesentlich früher anwesend. Eine solch genau Zeitangabe haben nur die südamerikanischen Urvölker.

Die einzige Möglichkeit, hier auf dieser Erde zu landen, war Stonehenge, was die Wissenschaft bisher nicht in Betracht zieht, auch die Sintflut fällt völlig unter den Tisch, da alles Leben auf dem Lande so gut wie ausgestorben war. Der Neandertaler und seine Nachkommen sind das Einzige, woran sich die Wissenschaft klammert, um nicht selbst baden zu gehen.

Wenn also Noah ein Außerirdischer war und seine Familie mit in sein USO (Raumschiff) nahm, um diese Welt zu verlassen, weil es 365 Tage regnete, dann kann es nicht sein, dass Noah sich Sklaven anschaffte, nachdem das

Wasser wieder sank, um Pyramiden und Tempel zu bauen. Woher sollen demnach die Sklaven gekommen sein, die doch vorher alle ertrunken sind? Setzen wir voraus, dass etwa 6000 Jahre vor Chr. die Menschheit so stark dezimiert wurde, dass etwa 500 Personen auf dem damaligem noch einem Kontinent überlebten, so wäre es unwahrscheinlich, dass 500 Jahre später die ersten Pyramiden gebaut wurden und an mehreren anderen Stellen gleichzeitig ähnliche Bauten entstanden und weshalb sollten ausgerechnet die Priester und Schriftgelehrten die Sintflut überlebt haben, die hätten dann wohl auch den Planeten Erde verlassen. Man sollte hierbei Moses nicht vergessen, der doch seit Entstehung der Erde immer dabei war und uns beschreibt, wie alles begann. Wenn man dann aber all die „Eiszeiten“ nicht erwähnt, als ob es die nie gegeben hätte und beginnt an sich erst nach der Letzten Eiszeit, mit der Zeugung von Adam und Eva (Heva= Heilige Eva), dann ist das doch seltsam. Der Zeitraum zwischen der letzten Eiszeit, demnach der dritten in Folge, und dem Zeitraum bis zur Sintflut sowie des Unterganges von Atlantis ist in der Bibel des Alten Testamentes niedergeschrieben, die Zeit davor ist demnach keine Entwicklung, auch wenn es so etwas wie einen Neandertaler gegeben hat. Das, was man als Mensch bezeichnen kann, begann erst nach der dritten Eiszeit bzw. nach der Sintflut. Dass angelerntes Wissen weiterhin verwendet wurde, möchte ich nicht in Abrede stellen, aber die Osterinseln als Beispiel zeugen nicht von hoher Intelligenz der damaligen Gesellschaft, vielmehr sind die Scheiben aus Metall, die drei Zähne wie eine „Kreissäge“ haben, ein Zeichen dessen, dass hier Außerirdische anwesend waren.

Mit diesen Scheiben kann man Bäume fällen sowie Tunnel und unterirdische Kanäle bauen. Erst als sich Außerirdische hier auf dieser Erde niedergelassen haben, begann das Leben an sich, denn auch Außerirdische haben diese Sonne erschaffen, die dann später zu einem Planeten umfunktioniert wurde. Es ist bestimmt keine einmalige Angelegenheit im Kosmos. Wenn wir uns die Planeten in der Milchstraße ansehen, so werden wir dort auch desgleichen vorfinden, wenn unsere Raumfahrt so weit ist, in etwa 500 bis 1000 Jahren, wenn die Erde dann noch besteht.

Wie man eine Pyramide baut, Teil 5

Bei näherer Betrachtung der Cheops Pyramide stellt sich einem die Frage: Wie wurde denn die Schräge erstellt? Eine Frage, die eigentlich einfach zu beantworten ist. Hierzu sehen Sie sich die Skizze etwas genauer an.

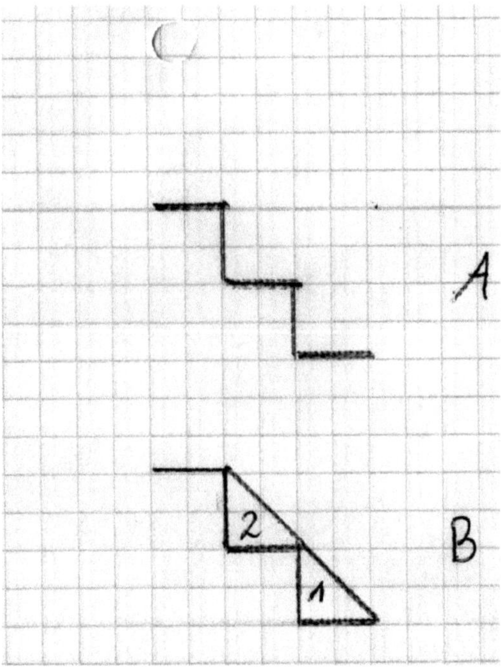

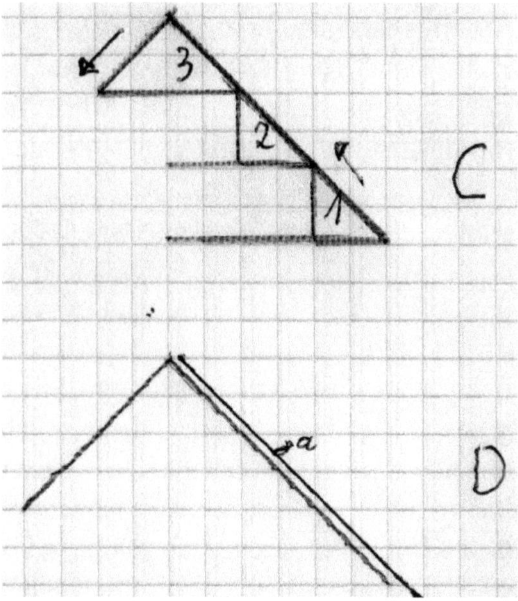

Der Buchstabe A ist die fertige Pyramide in Stufenform. B ist der Moment, wenn die vorhandenen Stufen mit Beton ausgefüllt werden. Dies geschieht von unten nach oben. Oben angelangt, geht es wieder nach unten und dies so lange, bis alle vier Seiten zubetoniert sind. C zeigt die fertig ausgefüllten Stufen am äußersten Rand der Pyramide. D ist die fertig gestellte Pyramide und a deutet an, hier werden die Goldsolarzellen auf die vorhandene Schräge angebracht. Ein einfacher Prozess, der zeigt, wie ein Dach entsteht, wo vorher nur Stufen sichtbar waren.

Wenn man der Tatsache ins Auge sieht, weshalb die Schräge heute nicht mehr so vorhanden ist, wie es zurzeit der Erbauung war: Das liegt offensichtlich an dem Untergang von Atlantis, von dem nur noch die Inseln im Mittelmeer zeugen, wie Kreta, Zypern und Sizilien. Zu jener

Zeit, als das Erdbeben stattfand, etwa 35 vor Chr., fanden einige von den damaligen Herrschern noch die Kraft, nach Ägypten zu gelangen; oder wurden von Mitmenschen dort hingebracht, um danach in dem Tempel (Pyramiden) beigesetzt zu werden. Wer von denen nun Atlanter und nicht Ägypter waren, können nur Mediziner erforschen, da offensichtlich auch Ehen geschlossen wurden zwischen Außerirdischen Atlantinnen und Griechen sowie Ägyptern; sowie auch anderen Volksstämmen, da auch in Mexiko Außerirdische beim Bau von Tempeln und Straßen beteiligt waren, sowie auch in den Anden, denn es gab zu jener Zeit, nur den einen Kontinent Pangäa. Die Entfernungen zu den einzelnen Ländern waren dementsprechend kürzer als heute und ließen sich dadurch auch mittels selbst hergestellter Flügel einfacher und schneller überwinden, denn es gab ja keine Flugzeuge. Da nur die Außerirdischen über schwebende Objekte verfügten, war der Luftraum dementsprechend geringfügig belastet, was auch an dem Leuchtturm von Alexandria erkennbar ist, denn der hatte drei verschiedene Farbleuchten, die immer nur einem bestimmten Personal zuzuordnen waren, die wiederum verschiedene Aufgaben hatten, sowie auch verschiedene schwebende Objekte, die es auch heute noch gibt und immer wieder im Einsatz sind.

Unschwer zu erkennen ist, hier war Bildung gefragt, außer lesen und schreiben gab es auch die Möglichkeit, sich in der Kunst des Fliegens zu üben, was den Vorteil erbrachte, auch fremde Länder kennenzulernen, was für uns zum Alltag gehört. Hierbei erklären sich natürlich auch die vielen Zeichnungen auf den Bergen in Peru, die einen Hinweis auf die Vielfalt der Besucher geben, die nicht vor Ort ansässig waren, denn die Formen ergeben zwar eine Figur, aber selbige ist nie so naturgetreu wiedergegeben, wie sie eigentlich in der Wirklichkeit ist und war. Wie wurden diese Figuren denn nun hergestellt? Beachten Sie einmal im Wind die Bewegung der Blätter, hierbei kommt es vor, dass sich nur ein Blatt bewegt, etwa so wie das Pendel der Uhr. Solche Dinge kommen nur gelegentlich vor, aber eigentlich ist es nicht möglich, dass sich nur ein Blatt bewegt, demnach muss hier etwas tätig sein, was den Luftausstoß minimal regeln kann und dies können nur Außerirdische, da man kein Objekt sieht und ansonsten auch nichts in der Nähe ist, welches einen schmalen Luftstrom erzeugen würde. Befindet sich ein USO im Schwebeflug kurz über der Erde, so schaltet man eine Düse nach unten. Den Weg, den das USO dann schwebend zurücklegt, zeichnet es dadurch automatisch auf, indem der Luftstrahl nach unten gerichtet ist. Somit kann jede beliebige Figur entstehen.

Wie Tutanchamun wohnte

Was uns an Informationen fehlt, ist, wo und wie lebte ein Ramses oder ein Tutanchamun? Sehen wir uns dazu ein paar Bilder an, die aus dem 20. Jahrhundert stammen, und benutzen wir dazu die vorgegebenen Buchstaben.

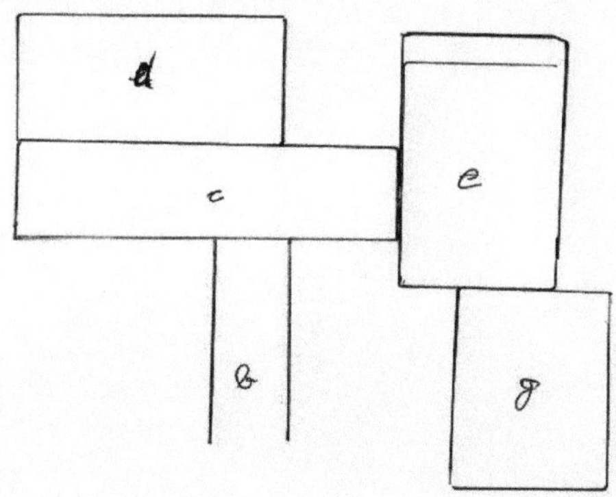

Das b ist der Flur, in der Pyramide, ohne Fenster, der direkt zu der „Wohnung“ führt, die keinerlei Fenster, aber kleine Luftschächte zur Verfügung hat. Das c ist der erste Raum, in welchem die Dinge aufbewahrt wurden, die wohl täglich gebraucht wurden, aber wiederum nicht für jeden zugänglich sein sollten. Die offensichtliche Unordnung, die auf dem Foto ersichtlich ist, wurde von denen geschaffen, die all dies irgendwo abstellten, welche den Tutanchamun in seiner „Wohnung“ nach seinem Tode beerdigten.

Der nächste Raum wäre das e, hier der hintere Raum, der als Schreibzimmer diente. Hierfür fehlen eigentlich die Lampen, nur werden die von Wissenschaftlern nie erwähnt, man muss sich daher fragen, weshalb nicht? Denn offensichtlich sind diese vorhanden.

Nach einer Wasserpfeife sieht dies wirklich nicht aus; aber unsere modernen Deckenfluterlampen sehen denen doch wirklich sehr ähnlich, oder etwa nicht? Menschen sind wie Affen, sie machen alles nach, mit kleinen Veränderungen, die nicht jeder sofort sieht. Woran erkennt man nun ein Wohnzimmer? Hier tobte das Leben, demnach kann es nur das Zimmer sein, wo der Sarkophag stand, denn die Wächter stehen direkt davor. An den Malereien kann man ablesen, wenn man selbige zu deuten weiß, wie das Leben des Tutanchamun verlief. Dies ist das Zimmer mit dem Buchstaben e, die Möbel dafür liegen im Zimmer d.
Nun fehlt eigentlich nur noch das Schlafzimmer und dies war der Raum g! Die Betten stehen zwar im Flurbereich c, aber der viereckige Schrank, der mitten im Zimmer steht,

stand wohl vorher an einer anderen Stelle. Gleichzeitig deutet der obere Kranz desselbigen auf eine hohe Bildungsstufe hin, denn so werden im 20. Jahnhundert Mikrochips als neueste Innovation gebaut.
Im Schlafzimmer ist ersichtlich, hier sind von Kindheit an alle Spielzeuge gesammelt worden, vom Paddelboot bis zum Segelschiff. Dort, wo die Schiffe auf den Säulenkästen stehen, etwas in den Säulen sein muss, weil der „Schrank“, der gleich danebensteht und eine exakt viereckige Form hat, besagt, dass derjenige der hier seine letzte Ruhestätte gefunden hat, jemand war, der lesen und schreiben konnte und gewiss nicht nur dies.

Dieser Tatsache folgend, müssen sich Papyrusrollen in den Säulen befunden haben. Der Beweis hierfür sind die Kisten rechts neben dem Schrank, die, die Form eines griechischen Tempels haben, wenn auch ohne Säulen; aber die sind ja auch vorhanden, nur in Form von einzelnen Kisten, welche die Form einer viereckigen Säule haben. In dem Buch über Tutanchamun ist von Papyrusrollen aber kein Wort erwähnt, eben nur von Schmuckstücken, was doch mehr als merkwürdig erscheint; oder soll man die Papyrusrollen auch als Schmuckstücke ansehen? Auch die Einzelteile seines Streitwagens samt Rädern, liegen nicht nur im Flur c, völlig auseinandergenommen, sondern auch Teilweise im Raum g. Was aber in all der Unordnung fehlt, ist das Licht! Niemand kann in Räumen leben, wo offenes Feuer verwendet wird, wenn kein Rauchabzug vorhanden ist, von daher fehlt hier etwas!
Wiederum bewachen zwei Figuren einen Schaltschrank, denn dies sind 23 Steckdosen. Ich erinnere mich an die Zeit

der 1960er Jahre, da sahen die Kupplungstücke einer Verlängerungsschnur des Bügeleisens genauso aus, nur heute dagegen haben die Bügeleisen eine Schnur, mit einem Stecker daran, ohne dass die Schnur vom Bügeleisen getrennt werden kann. Somit ist uns der Beweis geliefert, die Ägypter kamen nicht aus Ägypten, sie sind vielmehr außerirdischer Abstammung; oder was glauben Sie, weshalb man so viel Wert auf diese vergangene Kultur legt! Es kommt noch viel besser, die Technik, die beim Bau der Pyramide Anwendung fand, das bekommen wir im 21. Jahrhundert noch nicht hin! Wenn man einen Steinblock aus dem Steinbruch herausschneidet oder auch kratzt, kann dieser schon eine viereckige Form haben. Von daher stellt sich danach die Frage: Wie transportierte man die Steinblöcke und wie zerkleinerte man anschließend diese Blöcke, um selbige zu der Größe zurechtzuschneiden, damit alle vier Seiten in der Wasserwaage gleich sind, denn hier wird kein Hochhaus errichtet, was nur auf Betonpfeilern steht.
Hierzu sollte man sich die vorhandenen Steine genauestens ansehen, weil selbige an verschiedenen Seiten auch unterschiedlich bearbeitet wurden. Der Würfel deutet dies an, indem es nur möglich war, selbigen Block mit einem Laser zu zerschneiden, weil nicht alle Seiten bearbeitet werden mussten.

Hierbei fand die Vorderseite immer als Stufe Verwendung, da hier keine Bearbeitung mit einem Laser ersichtlich ist. Sehen Sie sich die Cheopspyramide an, am oberen Teil, dort, wo die Spitze ist, kann man erkennen, hier ist der Teil glatt, er wurde verputzt. Auf einer lasierten Fläche hält kein Putz! Aber wenn man die Stufensteine um sich herumbewegt oder betrachtet, kann man sehen, dass diese mindestens eine lasierte Seite haben, mitunter auch mehrere. Diese Tatsache beweist, dass die Steine mit einem Laser bearbeitet wurden, demnach kann man sich einen Arbeitsvorgang etwa so vorstellen, wenn die Steinblöcke von den unbekannten schwebenden Objekten (USO) transportiert wurden, so kamen die direkt auf die Baustelle an Ort und Stelle (Pyramide), wurden dort abgesetzt, um von jeweils einem Arbeiter, der einen Laser hatte, in gleich große Stücke zerschnitten zu werden. Die glatte Seite ist demnach immer innen, weil die Steine glatt sind, aber sehr gut zusammenklebten, wenn man Klebstoff dünn verwendet. Der nächste Arbeitsvorgang war, die einzelnen Steine so zu verteilen, dass auf jeder der vorgegebenen Seiten eine Stufe entstand. Diese Arbeit wiederum wurde von mehreren Arbeitern getätigt, da diese Steine auch nicht gerade leicht sind. Dem folgten dann die Flure, Fallen und Räume zum Wohnen. Es gab wohl eine Möglichkeit, die Fallen zu übergehen, ohne die Pyramide (das Dach innen) zu beschädigen, wenn man bestimmte Richtungen des Weges einhielt. Sehen wir im Nachhinein, wie es möglich war, tonnenschwere Steinblöcke zu bewegen, so beobachten Sie einmal das Wetter, wo bei einem Orkan LKWs, die 40 und mehr Tonnen wiegen, durch die Luft gewirbelt werden, als wäre es Spielzeug, solch eine Kraft hat ein USO, welches nur einen Durchmesser von 3,14 Metern hat. Man hatte also eine bessere Technik zur Zeit der Errichtung der Cheopspyramide als die, welche wir heute benutzen, abgesehen davon, nicht jedem Bürger würden wir eine Laserkanone in die Hand drücken, auch wenn es nur zu einem Arbeitsgang wäre. Aufgrund dieser Technik ist es mehr als unwahrscheinlich, dass die Errichtung einer Pyramide mehr als zehn Jahre gedauert haben kann! Denn wo sollte Tutanchamun gewohnt haben, wenn die Errichtung seiner Grabstätte schon mehr als 35 Jahre gedauert hat, noch dazu hat Tutanchamun zumindest schwimmen und fahren gelernt, mit einem Pferdewagen, wobei die Stadt Alexandria doch eigentlich nicht weit entfernt von Gizeh ist. Hätte die Allgemeinheit Zugriff auf die Übersetzung der nicht vorhandenen/veröffentlichten Papyrusrollen, so käme gewiss noch mehr Licht in die forschende Dunkelheit, die erst nach 22.00 Uhr MEZ für das Volk ansprechbar ist. Um mit Baumstämmen zu arbeiten, sollte man zuerst einen Wald pflanzen oder selbigen vor Ort haben, was zu jener Zeit nicht der Realität entsprach. Es gab zwar Kornfelder, aber keine Wälder in Ägypten, folglich fällt die Theorie mit der Nutzung von Baumstämmen zum Steine transportieren weg, da gute Bäume ein Wachstum von mindestens 35 Jahren benötigen, da wäre mehr als das halbe Leben der Könige schon vorbei. Nur was macht die Wissenschaft ohne diesen Notnagel, wir können unserer Zivilisation doch nicht erklären, wir sind noch nicht so weit, irgendwie müssen die Steine doch dahin gekommen sein. Wir würden heutzutage einen Hubschrauber nehmen, nur mit dem Laser schneiden auf Baustellen, bei so viel Alkoholikern, kann ich mir nicht vorstellen, was nicht bedeutet, jeder Bauarbeiter ist auch ein Alkoholabhängiger, denn ansonsten würden wir wirklich etwas schaffen. Um Missverständnissen vorzubeugen, es stellen sich hier einige Fragen, die dadurch entstanden, wenn man sich ein Bilderbuch über Tutanchamun kauft, welches im Preis reduziert war, bei dem keinerlei Erklärungen hierfür vorhanden sind, wie diese Grabkammern hergestellt wurden, aus welchem Material selbige sind, ob die Wände z.B. aus Beton sind, die zugemauerten Türen oder auch nur Wände bestehen aus welchem Material und dergleichen mehr! Ob es sich allem Anschein nach um ein Grab oder eventuell auch um den Wohnort verschiedener Herrscher zu jenen Zeiten handelt, ist auch nicht klar, da immer während der Ausgrabungen gleichzeitig Grabräuber auftauchen, die eigentlich die Forscher von der Arbeit ablenken, was dazu führt, dass sich kein Forscher für die Entstehung der Räumlichkeiten interessiert, denn woher kommt 3100 Jahre vor Chr. die Kenntnis, Beton herzustellen sowie eine Dachschräge in Stufenform mit Putz zu verkleiden, der mehrere Tonnen des Materials am unteren Ende der Pyramide trägt! *Bilder hierzu finden Sie im Internet*

Da ein Gebirge im Hintergrund der Gräber darauf hinweist, dass hier ein Steinbruch vorhanden ist, aus dem man in vergangenen Zeiten Steine herausgebrochen oder geschnitten hat, ist in keiner Beschreibung/Berichterstattung ersichtlich, auch nicht in Dokumentationen, in welchem Zusammenhang die Dynastien den Tempel von Gizeh errichteten, da hier offensichtlich in keinem Zusammenhang erklärt werden kann, wie das Leben dort vor sich ging. Denn wie weit war das Wissen der Pharisäer und Schriftgelehrten, im Gegensatz zu der heutigen Wissenschaft? Wir sind noch immer nicht in der Lage, auf Baustellen, in Steinbrüchen oder dergleichen mit der Lasertechnik so zu arbeiten, dass wir in kürzester Zeit so viel erledigen, damit wir nicht nur Zeit sondern auch Geld sparen. Hierbei stellt sich auch niemand die Frage, ob dies alles in Handarbeit oder mit maschineller Unterstützung errichtet wurde, denn es fehlen die Bilder oder Malereien, für die Arbeiten zur Errichtung selbiger Stätten. Aber eines bin ich mir sicher, es gibt garantiert Papyrusrollen, auf denen dies verzeichnet wurde.

Eine letzte Frage sei mir zu diesem Thema gestattet, wenn ein Toter nur ein Zimmer benötigt, um seine Ruhe zu finden, weshalb genügt dann nicht auch nur ein zweiter Raum für sein Hab und Gut, bei der Unordnung, die man so angeblich vorfand, denn ordentlich gestapelt hätte der Rest seines Besitzes in nur einem Raum auch Platz gehabt. Von daher sieht das Ganze eher wie eine Wohnung unter der Erde aus, weil in der Mitte des letzten s/w-Bildes ein Luftschacht zu erkennen ist, wobei drei breite Öffnungen darauf hindeuten, als Belüftung zu dienen, da dieser Teil etwa wie ein Schornstein aussieht. Dementsprechend würde der Ort, als Wohn- und Grabstätte zu bezeichnen sein, da zuerst eine unterirdische Wohnung entstand, die nach dem Tod des Herrschers, dann zu seiner Grabstätte wurde, nicht aber im weitesten Sinne als Grabstätte errichtet wurde. Zur Erinnerung, die Pyramiden wurden zu dem Zwecke des Wohnens und der Erziehung zur Religion errichtet; aber nicht um als Friedhof zu dienen, auch wenn später viele vorhandene unterirdische Räume als Grabkammer dienten.

Wie die Erde entstand

In der Bibel bzw. im Alten Testament steht dazu folgendes im 1. Buch Moses: „Und der Herr sprach, es werde Licht und es wurde Licht.“

N
W
O
S

Die Bilder stellen Folgendes dar, erst die Sonne, die künstlich geschaffen wurde, dann die Himmelsrichtungsausrichtung für die Kometen, die in die Sonne gelenkt wurden; dann folgte die Verbrennung des Gesteins und die Entstehung des Wasserdampfes sowie des Wassers. Der Urkontinent nahm seine Form an. Nicht zu vergessen wäre, der Wasserdampf benötigt eine Atmosphäre und die entsteht nicht von allein, von daher wurde dem technisch nachgeholfen, wir können dies daran sehen oder auch erfahren, wenn wir Tulpenzwiebeln pflanzen, in einem Glas, so stülpt man über dieses offene Glas oder den Miniblumentopf, einen langen Zylinder, dieser bewirkt eine geringe Luftzirkulation. Wollen wir dies auf einer großen Fläche bewerkstelligen, so beginnen wir mit kleinen Feldern, die nur ein paar Quadratkilometer groß sind. Im Laufe der Jahre werden weitere Felder überdeckt, bei denen es sich lohnt, im Nachhinein Experimente auszuüben, indem aus dem Universum Eisplaneten in diese neugeschaffenen Atmosphären gestürzt wurden. Da ohne Atmosphäre das Eis zwar geschmolzen wäre und auf dem unfertigen Planeten keinen Halt gefunden hätte, war es notwendig, nach der Schaffung der Kleinen Sonne (Erde) und der anschließenden Bombardierung mit Geröll, erst die Atmosphäre zu errichten, die sich demnach fast von selbst dann zu einer Hülle zusammenzog, da das kochende Geröll Dampf erzeugte. Folglich haben die Schwefelgase, der Wasserdampf und andere Faktoren dazu geführt, dass die dünne Atmosphäre der damaligen Zeit etwa der Stratosphäre von heute entsprach und daher aller Wahrscheinlichkeit nach künstlich erzeugt werden musste, denn wie sollte aus Feuer, Stein und Wasserdampf ansonsten eine abschirmende Atmosphäre entstehen? Es wird nicht gesagt, wo der Herr stand oder saß, aber der Herr und nicht eine Frau benutzte Worte, um etwas zu erschaffen. Es stellt sich deshalb die Frage: Was für ein Licht hat dieser Gott geschaffen?

Nach heutigen Erkenntnissen wissen wir, dass der Kern der Erde eine Sonne ist, demnach kannte sich dieser Gott in der Wissenschaft aus; oder er war gar einer (ein Wissenschaftler), der Neutronen nahm, diese bündelte und eine kleine Sonne erschuf. Damit nicht genug, nach Erschaffung der Sonne folgte die Himmelsrichtungsfeststellung, was bedeutet, die Atmosphäre wurde geschaffen, denn wenn ich erst Gestein in die vorhandene Sonne lenke und keine Atmosphäre habe, entsteht Wasserdampf und nicht die Atmosphäre. Des weiteren nahm er Gestein aus dem Kosmos, lenkte selbigen in die künstlich erschaffene Sonne, die aber zu diesem Zeitpunkt keine Atmosphäre um sich hatte, da eine Erde ja erst erschaffen werden musste und daher war das, was dann folgte, öd und leer, denn Lavagestein hat keine Pflanzen, ist aber fruchtbar, wenn Atmosphäre vorhanden ist oder im Entstehen ist, demnach ist Lavagestein in allen Kometen vorhanden. Dadurch, dass das Gestein nur einen Erdteil formte, begann sich die werdende Erde, in elliptischer Form zu drehen, im Gegensatz zu vorher, wo nur eine Kreisumdrehung vorhanden war. Würde man den Worten der Wissenschaft folgen, so wäre die Erde erst eine Masse von Vulkanen, dies ist eher unwahrscheinlich; denn wie sollte ein Vulkan entstehen, dem der Untergrund fehlt? Die Gase, die eine Sonne absondert, würden sich im Kosmos sammeln, um dort als Gaswolke zu fungieren. Kommt etwas in diese Nähe, so erfolgt eine kosmische Explosion. Es ist mehr als wahrscheinlich, dass eine große Menge von Lava an der gleichen Stelle eingeschlagen ist und sich der Dampf, der dadurch entstand, zu Wasserdampf bildete, der die noch nicht abgekühlte Sonne umgab, so bildete sich die Atmosphäre. Nachdem sich eine Atmosphäre bildete, wurde weiterhin Gestein in die Sonne mit Atmosphäre gelenkt, wodurch sich das Meer bildete, welches den Urkontinent umgab. Die Fruchtbarkeit der Lava ist uns Menschen bekannt, es dauert nicht lange und Gras, Bäume und Pflanzen fingen an zu wachsen sowie Kleinstlebewesen entwickelten sich. Im Gegensatz zur Wissenschaft, die feststellt, dass Vulkane den ersten Kontinent geschaffen haben, würde die Frage entstehen, weshalb sollte nur an einer Stelle ein Vulkan aktiv gewesen sein und nicht überall auf der künstlich geschaffenen Sonne? Auch ist die Präzision doch verblüffend, wenn nachweisbar verschiedene Materialien an einer Stelle gesammelt auftauchen. Es ergibt sich doch die Möglichkeit, gleich von Anfang an mehrere Kontinente zu erschaffen; dann wäre die Rotation aber eine andere. Es schwebt da noch eine Unklarheit im Raum, wo kommt das viele Wasser her, wenn es die Vulkane waren, die die Erde entstehen ließen? Wenn man Steine verbrennt, entsteht Wasserdampf und nur dort, wo Sauerstoff vorhanden ist, demnach auch eine Atmosphäre, somit kann aus dem Wasserdampf Wasser entstehen, so weit die Wissenschaft heute. Folglich ist das Lenken von Gestein in die Sonne kein Zufall, denn wenn gelegentlich ein paar Kometen in eine Sonne stürzen, passiert an sich nichts, außer dasss Wasserdampf abgesondert wird. Es lag demnach eine Absicht vor, etwas zu erschaffen. Das Geniale an der Schaffung der Erde ist an sich, selbige befindet sich nicht auf einer Umlaufbahn, die mit anderen Planeten kollidiert, und die Ausrichtung in Richtung Kosmos deutet auf all die Planeten hin, von denen die verschiedenen Rassen abstammen. Es sei mir erlaubt zu sagen, auf diese Art lassen sich auch andere erdähnliche Planeten schaffen.

Auch können wir davon ausgehen, dass andere Planeten bewohnt sind, denn die Sternwarten dieser Erde stellen immer wieder fest, dass Lichtspuren von anderen Planeten zur Erde und zu anderen Planeten führen, was beweist, dass wir des Öfteren Besuch von außerirdischen Wesen haben. Wer noch keinen Kontakt mit ihnen hat, ist wohl auch kontaktscheu auf die eine oder andere Art. Es gibt natürlich auch verschiedene Arten solcher Wesen, die Einen sind z.B. homosexuell, andere wiederum sind völlig normal veranlagt, es liegt demnach meist an der Umgebung, in der man aufgewachsen ist und natürlich auch an der Erziehung.

Meine erste Vision war in den 60er Jahren, indem ein Raumschiff landete und eine Person mich mit Handschlag begrüßte. Diese Situation traf aber nie ein, bis zum heutigen Tag. In den 80er Jahren dann hatte ich eine Vision über das Aussehen eines UFOs und flog daraufhin nach Delhi, wo ich die Eiserne Säule, die aber aus Titan ist, berührte. Ich sah die Inschrift und entzifferte selbige, indem ich mit dem Finger wie ein Blinder über die eingemeißelte Schrift ging, die besagte: „Wir helfen euch.“ Wohl dem der das versteht. Des Weiteren besuchte ich einen Tempel, der nennt sich Qila, direkt neben dem Zoo in Alt Delhi, dort sah ich dann als Stuck in einer Ecke an der linken Seite oben die USO-Form, welche ich vorher in Berlin als Vision wahrgenommen hatte. Diese Form wurde in der Zwischenzeit entfernt, allem Anschein nach hat niemand vor, seinen Glauben in Richtung Sonne zu richten, zumindest nicht die, die diesen Stuck entfernten. Erst in den Jahren um das Jahr 2000 sah ich dann, während ich der Zeichnung einer Erfindung nachging, plötzlich in unmittelbarer Nähe ein solches Objekt, aber wesentlich größer, als es war. Es hatte die Farben schwarz, rot, gold und weiß, von unten nach oben gesehen. Etwa ein Jahr später zog ich aus der Gegend weg, da die Miete für mich zu hoch war. Später teilte man mir mit, eine Gasleitung sei schadhaft gewesen und hätte explodieren können. Dies war wohl der Grund, weshalb ich das USO gesehen habem oder anders gesagt: Wenn mich etwas vor einer möglichen Gefahr warnt, was, wenn es nach der Wissenschaft geht, nicht existent ist, so nennen Psychiater das dann den siebenten Sinn; aber es war etwas da, was mir geholfen hat, auch wenn ich niemanden persönlich getroffen habe, was mir eine Gefahrensituation zu dieser Zeit erklärte.

Könnten wir andere Planeten erreichen und besiedeln, bis zum heutigem Zeitpunkt, so kann ich mir nicht vorstellen, dass etwas Besseres dabei herauskommt als das, was wir bisher geschaffen haben, da es uns an Weitblick fehlt und mehr Theorie als praktische Notwendigkeit angewendet wird, um die Menschheit voranzubringen. Es fehlt uns nicht an Führern, vielmehr an Weisheit und Erfahrung, Dinge so umzusetzen, dass sie gelingen. Vergleiche ich die Zeit, als John F. Kennedy als Präsident von Amerika tätig war, so kündigte dieser immer das an, was machbar war zu jener Zeit.

Selten finden wir solche Politiker, die bürgernah in aller Welt willkommen sind. Über den Lebenswandel der einen oder anderen Person kann man sich streiten, aber erreicht hat dieser eine Menge. Als Beispiel sei hier die Wiedervereinigung Deutschlands genannt, da regieren Personen, die den Kapitalismus vorher verdammten, um jetzt allen Bürgern zu zeigen, wie diese ehemaligen „Sozialisten", die nichts anderes waren als Neofaschisten, also Erben des untergegangenen Faschismus (Nazis), der Welt zeigen, wie sie den Kapitalismus verstanden haben. Allem Anschein nach haben diese Politiker nie richtig verstanden, was Kapitalismus bedeutet, es bedeutet nicht: Wohnungen verkommen zu lassen, um mit billigen Mieten zu prahlen, noch weniger, sich Sklaven zu halten, wobei Talente verkümmern, und nur wer in der Partei ist, wird gefördert. Ein Talent entsteht nicht dadurch, dass man im Geld schwimmt oder als Bettler lebt. Es stellt sich die Frage: Was ist Kapitalismus? Die Antwort ist einfach, ich brauche Kapital (Geld). Eine Welt ohne Geld können wir uns nicht vorstellen; denn wir wurden so erzogen, dass alles bezahlt werden muss. Stellen wir uns vor, wir würden für die Leistung, die wir erbringen, unentgeltlich all das erhalten, was wir brauchen, die wenigsten Menschen würden überhaupt noch etwas tun; denn es ist ja alles vorhanden, wozu dann noch arbeiten? Dies nannte Karl Marx den Kommunismus und der ging in Europa um wie ein Geist. Stellt sich die Frage, sind Geister Kommunisten, wohl kaum! Auch ist dieser Karl Marx an sich leicht verständlich, wobei er z. B. sagte, ein Gegenstand bekommt erst dann einen Wert, wenn man selbigem einen Wert beimisst, was bedeutet, an sich kann ich einen Goldbarren gegen ein Bett eintauschen, damit ich nachts nicht im Stehen schlafen muss ..., somit hat das Bett für mich einen höheren Wert als ein Goldbarren, der weder zum Sitzen noch Schlafen tauglich ist ..., wenn ich Unmengen an Goldbarren habe, einfach und hoffentlich verständlich.

Nun wollte ich auf die Theorie eingehen, wo gesagt wird, im Kosmos habe es einen Urknall gegeben! Man stelle sich erst einmal vor, was denn dort geknallt haben soll! Es kann nur dort einen Knall geben, wo etwas vorhanden ist! Es gibt keine Wissenschaft, die uns das genau erklären kann, aber es soll geknallt haben, Demnach müssten Gase, Feuer, Steine, Neutronen und was weiß ich noch alles an einer Stelle explodiert sein. Es stellt sich doch zuallererst die Frage, was war vorhanden und wie ist das, was vorhanden ist, entstanden? Im Widerspruch dazu gibt es aber Schwarze Löcher, die, so die Wissenschaftler, Materie in sich hineinsaugen, sozusagen verschlingen und in das Schwarze Loch kann man aber nicht hineinsehen, wohl deshalb, weil neue Sonnen erst installiert werden müssen oder neue Planeten! Das wäre dann etwa das gleiche, wie wenn Sie in eine neue Wohnung umziehen und noch keine Beleuchtung vorhanden ist. Nun stellt sich die Frage, wann entstanden denn die Schwarzen Löcher? In dem Moment, wo es den Urknall gegeben hätte, müsste demnach die kosmische Hülle, egal, in welcher Form, auch immer, an einer Stelle ein Loch bekommen haben!! Dies kann ich mir nicht vorstellen, es müsste dann in mehreren Richtungen Schwarze Löcher geben, denn wenn sich etwas ausdehnt, sprich, explodiert, so entfernt sich etwas mit Kraft ..., es entstehen keine Löcher und auch keine Galaxien, vielmehr würde ein Durcheinander vorhanden sein und keine magnetische Ordnung. Um Ihnen reinen Wein einzuschenken, der unverfälscht ist, gehen Sie einfach mal davon aus, alles, was im Kosmos vorhanden ist, muss auch dort vorhanden sein, wo wir nicht hinkommen, und wir waren bestimmt nicht die ersten Menschen im Universum, ansonsten, hätte es keinen Gott gegeben, der diese Erde erschaffen hat, und Adam und Eva, so die Bibel, zeugte er nach seinem Bilde. Aber er allein konnte kein Kinder zeugen, demnach muss es andere Lebewesen im Kosmos geben, die diese Menschen auf dieser Erde gezeugt haben, demnach sind wir keine Weiterentwicklung von Affen, die sich auf dieser Erde entwickelt haben, der Neandertaler hat keine Eiszeiten überlebt. Was hierbei bedenklich erscheint, ist die Tatsache es fehlt in der Entwicklung das Vorkommen von Albinos, die sich von den Affen absonderten auf diesem oder einem anderen Planeten, z.B. im Sternbild Orion. Es gibt aber bestimmt in der Milchstraße nicht nur einen Planeten, der für Affen reserviert ist, damit sich diese dort weiterentwickeln können. Gehen wir also mal davon aus, dass alles, was im Universum vorhanden ist, auch als Element hinter der "Mauer" des Universums vorhanden ist, so besteht diese vorhandene Mauer aus Lava. Lava wiederum ist ein Produkt, welches die Sonne absondert, dies ist wissenschaftlich bewiesen und daher hat es nie einen Urknall in diesem Sinne gegeben. Welche Geräusche die Sonne im Universum von sich gibt, können wir auf der Erde nicht hören, da die Sonne keine Atmosphäre hat. Auch haben Sonnenstürme in der Raumfahrt keine Gehörschäden verursacht. Gehen wir also weiter mit der Lava, die ein Produkt der Sonne ist, so kann festgestellt werden, hinter der Mauer des Universums, wo noch keine Universität dieser Erde Nachforschungen angestellt hat, verbirgt sich so viel Licht (Sonne), wie es in dem für uns sichtbaren Universum nicht vorhanden ist! Dass diese Unmengen an Sonnen immer weiter Lava abstoßen, ist Gesetzmäßigkeit und von daher entstehen immer mehr kosmische Räume, die wir nicht sehen können, da diese sich hinter der Lavawand befinden. Sollten in dieser Wand Schwarze Löcher entstehen, welche durch Außerirdische bereits genutzt werden, indem selbige in diese Löcher bzw. eine Art offene Tür in den Nächsten Raum (Universum) schweben, so ist diese Tatsache für uns noch recht schwer vorstellbar, da mit der Theorie von Einstein im Kosmos gearbeitet wird. Es stellt sich dann die Frage, weshalb gibt es Objekte, die schneller als das Licht sind? Dies stellt einen Widerspruch zu der Einsteintheorie dar. Der Fehler der Wissenschaft besteht darin, immer davon auszugehen, dass im Universum die gleichen Bedingungen herrschen wie auf der Erde, dort haben wir Magnetfelder und keine Erdanziehungskraft. Eine Beschleunigung auf Lichtgeschwindigkeit bedarf dort weniger Energie als auf der Erde, auch ist natürlich die Art der Bewegung und die Form des Raumschiffes sowie das Ortungssystem von Objekten von entscheidender Bedeutung. Eine träge Steuerung kann zur Zerstörung führen und jegliche Mission wäre gescheitert. Ein Flug zum Mars könnte dann auch in einer Woche erledigt sein. Für die Wissenschaft ist das Zukunftsmusik.

Wie ich darauf komme, ist einfach zu erklären: Bewege ich mich im Kosmos, d.h., entferne ich mich von der Erdanziehungskraft, so ticken die Uhren anders, der Kraftstoffverbrauch sinkt erheblich, wenn ich im „Kosmos" starte, hier sind Magnetfelder die physikalisch genutzt werden könnten, nur müssen die erst erforscht werden. Genauso ist es mit der Nutzung der mehrfachen Lichtgeschwindigkeit, ein Objekt kann bedenkenlos mehrfache Lichtgeschwindigkeit erreichen; aber der Mensch hätte da so seine Probleme, wegen der Sauerstoffzufuhr, denn im Allgemeinen müsste selbiger z.B. 15 Minuten die Luft anhalten. Es gibt natürlich auch hierfür eine Technik. Falls Sie den Spruch kennen, weißer Mann reden mit gespaltener Zunge, so kommt dieser Ausspruch daher, ist die Zunge an der Spitze operativ gespalten worden, so kann man die Luft- und Speiseröhre damit schließen. Gewiss keine Technik, die unsere Raumfahrt anwendet, aber Außerirdische taten dies, schon 3300 v. Chr. und früher. Was begrenzt unseren Kosmos denn eigentlich? Die einzige richtige Antwort wäre: Lava! Woher kommt dann wiederum diese Lavamasse? Demnach ist das Universum, welche Maße es hat, kann ich ihnen leider nicht mitteilen, ist von einer uns unvorstellbar großen Masse Sonne umgeben, wodurch immer wieder Lava abgeschieden wird und somit neue Räume (Universen) an den von uns sichtbaren Kosmos angeheftet werden, wie ein Buch, welches jeden Tag neue Seiten bekommt. Andere Wesen, die uns im Aussehen gleich sind, schaffen so Übergänge, die ich schwarze Löscher nenne, daher sehen Astronomen auch Objekte in diese Löcher verschwinden, wenn dem so ist. Ich kann mir gut vorstellen, dass zurzeit gerade an einer neuen Sonne gebastelt wird; denn schon Martin Luther sagte: Das Licht scheint in der Finsternis, doch die Finsternis hat es nicht begriffen. Die Finsternis ist hierbei der Kosmos, welcher leer ist. Woher sollte demnach Licht kommen, wie sollte eine kosmische Mauer entstehen, wenn nur nichts weiteres vorhanden ist? Abschließend möchte ich noch etwas erwähnen, was häufig bei Gesprächen vorkommt, da entstehen Befürchtungen, wie wenn sich da jeden Tag Lava von der Kosmischen Wand löst; dann ist der Kosmos bald voll mit Kometen! An sich schon, wenn alle Menschen so wie wir denken. Sollte es aber etwas intelligentere Menschen als uns geben, werden die zu gegebener Zeit eine neue Sonne erschaffen und den kosmischen Müll dazu benutzen, einen neuen Planeten zu erschaffen, und das ganze Leben beginnt dann wieder von vorn.

1. Fassen wir zusammen:
2. Es gab nie einen Urknall in diesem Kosmos,
3. Das Ende des uns sichtbaren Universums besteht aus Lava.
4. Hinter der Mauer des Universums brodelt eine uns nicht vorstellbare Masse von Sonnen (Neutronen).
5. Schwarze Löcher sind offene Türen in einen anderen Raum, sowie auch Stellen, aus denen sich Planeten/ Galaxien bilden.
6. Da diese Erde früher auch eine Sonne war, lassen sich aus Unmengen an Sonnen auch andere Planeten schaffen, denn wenn eine Sonne künstlich erzeugt werden kann, nehme ich die immer wieder entstehende Lava, die sich vom Kosmosrand löst, und schaffe damit einen neuen Planeten, indem man diese Lava, die im Universum vorhanden ist, in eine neu geschaffene Sonne stürzen lässt.
7. Da ständig neue Lava entsteht und diese wiederum an die Mauer des Universums geschleudert wird, löst sich nach einiger Zeit auf der Innenseite unseres sichtbaren Universums die alte Lava und dieses Gestein schwebt wegen der Dunkelheit für uns nicht sichtbar im Kosmos umher. Eine Gefahr für die Raumfahrt, aber für

andere außerirdische Lebewesen „Material“ zur Verwendung.

Wenden wir uns Entdeckungen zu, die irrtümlicherweise, als schwarze Löcher bezeichnet werden, weil es eine so große gewaltige Masse darstellt und eher als ein riesiger Mond beschrieben werden könnte und selbst ohne Sonnenlicht im Raum steht, so gibt es hierfür eine einfache Erklärung: Es muss sich um eine Ansammlung von Lavagestein handeln, welches von anderen Lebewesen zu einer Masse zusammengeschmolzen wurde, wegen der Gefahr für deren Raumtransporter, denn da immer mehr Gestein auftaucht, ist das Universum irgendwann voll mit Gestein. In Tausenden von Jahren kann diese Masse dann natürlich wertvolle Rohstoffe liefern, so wie das Holz zu Kohle wird. Wenn also Außerirdische diese Erde besuchen, dann nicht, um diese auszubeuten, vielmehr bereichern selbige uns um wirtschaftliche Vorteile, die die Menschheit bis zum heutigen Tage nicht verstanden hat.

Es ist rein theoretisch möglich, dass wir eines Tages mit unserer Entwicklung Zugang zu dem Wissen erhalten, was andere Lebewesen täglich nutzen, nur ob wir dann auch den Nutzen und die Aufgaben, die sich daraus ergeben, mit denen teilen, die das auch zu unserem Nutzen taten, erscheint mir zweifelhaft, bei der Art der Information, die uns heute zuteilwird. Einen klassischen Komponisten möchte ich ihnen empfehlen, der die Entstehung der Erde so deutlich wiedergibt, wie ich es noch nirgendwo anders gehört habe. Es ist der Komponist: Peter Iljitsch Tschaikowsky, der in der Ouvertüre 1812 Opus 49, mit der Betrachtung des Kosmos in leisen Tönen beginnt, um dann energisch seinen Plan auszuführen, aus Gestein, welches er schwungvoll bewegt, etwas zu erschaffen. Am Ende seiner Ouvertüre erkennt man dann den „militärischen Aufmarsch“, die Erde zu besiedeln, wie es in Mexiko ersichtlich ist, an den Stufen-Pyramiden, die vor Ort auch nicht als Pyramiden angesehen werden.

Der Aufbau der Sonne

Die Tätigkeit der Sonne ist von ihrem Aufbau abhängig, da der Innere Kern aus Neutronenwasserstoff besteht, selbiger hat die Farbe weiß. Die Drehung erfolgt wie bei einer Automatikuhr, was so viel bedeutet, der innere Kern dreht sich mitunter entgegengesetzt zu der Masse der Sonne, die dadurch dem „Betrachter“ als halber blauer und halber roter Ring erscheint, der sich scheinbar hinter der Sonne befindet. Diese halben Ringe drehen sich abwechselnd zwei Mal nach links und danach in die rechte Richtung, was dem Betrachter wie eine Wechselwirkung erscheint. Tatsächlich aber sieht man die Funktion des inneren und äußeren Ablaufes, was so viel bedeutet, dass die Sonne in sich in ihrer Gesamtheit mindestens zwei Abläufe hat, wobei der innere Kern mehr flüssig (neblig) ist als das, was die Sonne als den Körper umgibt. In Folge des höheren Gewichtes der Hülle wird die innere Flüssigkeit zur Drehung mitgezogen, etwa wie bei einer Waschmaschine, und dadurch entstehen stoppende Gewichtstoleranzen, die folglich die Flüssigkeit danach in die entgegengesetzte Richtung ziehen. Es erfolgt logischerweise ein Flüssigkeitsüberschlag im Inneren, wenn sich die Sonne beginnt schneller zu drehen, auf Grund von geistiger Aktivität, Magnetfeld-Veränderungen oder uns noch unbekannten Möglichkeiten.

Andere Theorien behaupten, der Kern der Sonne wäre aus Eisen, was paradox ist, wie sollte sich denn um Eisen im kalten Kosmos Hitze bilden oder, noch einfacher, das Eisen müsste dann jegliche Hitze anziehen, was nicht sein kann. Die Probe aufs Exempel wäre, wenn man ein Stück

Eisen ins Tiefkühlfach legt und anschließend würde aus dem Tiefkühlfach eine Sonne entstehen. Entscheidend für magnetische Kräfte ist nicht das Material Eisen, sondern das, was sich in der Absonderung der Sonne entwickelt hat, dies können auch andere Materialien sein, die uns noch unbekannt sind. Es sei hier an die Landung eines Satelliten erinnert, der in unmittelbarer Nähe der Erde, auf einem Kometen „hart" landete, weil die Berechnungen nicht ganz korrekt waren. Für den Fall, wenn die magnetischen Kräfte stärker waren als berechnet, beweist dies, weshalb der Satellit stürzte und nicht sanft landete. Es wurden bisher keine Magnetfeldprüfungen vorgenommen oder veröffentlicht, wenn z.B. auf einem Planeten gelandet wurde. Festgestellt wurde aber, dass sich auch Monde in entgegengesetzter Richtung als normal drehen. Hier liegt demnach eine Übereinstimmung der Pole vor, die wir an sich ignorieren. Bei einer Sonne sind mehrere Pole vorhanden, da sie sich ansonsten nicht vor- und rückwärts bewegen könnte, während ihrer Drehung um die eigene Achse.

Die Manifestation des Wortes

Wenn das Wort eine Form annimmt, so kann man feststellen, welche Bedeutung dieses Wort hat. Dass ein einziges Wort eine Krankheit heilen kann, sollte man nicht für möglich halten, aber es ist so. In der Schweiz, in Winterthur, lernte ich eine junge Frau kennen, selbige war zum damaligen Zeitpunkt Epileptikerin, ihr Vater ein Sektenführer, dieser hatte keinen heilenden Einfluss auf sie. Zurzeit meines Aufenthaltes in diesem Ort begegnete ich ihr mehrmals, bis ich eines Tages selbige Person in der Nähe des Bahnhofs traf und mich in ihre Augenhöhe begab, obwohl ich größer bin als diese Frau, um mich mit ihr zu unterhalten. Im Verlauf des Gespräches, welches nur ein paar Minuten dauerte, kam ein Wort in mein Bewusstsein, weshalb ich sie bat, dieses eine Wort doch immer zu wiederholen. Ein paar Tage später fragte sie mich, woher ich dieses Wort hätte und ich kann nur sagen: Worte die wir kennen, haben mitunter eine heilende Wirkung, ohne dass wir uns dessen bewusst sind. Lateinische Worte, die dem Apotheker bekannt sind, können bei Patienten eine heilende Wirkung haben. Es kommt natürlich auf die Krankheit selbst an.

Dies stellt im Wesentlichen die „Manifestation“ dar, denn wenn ich ein Wort kenne, ohne mir der Bedeutung des Wortes klar zu werden, dann nützen mir stundenlange Reden gar nichts; denn es kommt kein Ergebnis zustande. In der Politik sehen wir das am deutlichsten, dort wird uns das Schlaraffenland versprochen und die Slums werden uns geboten. Wie sieht es nun mit den Worten der Bibel aus, wo dort geschrieben steht, am Anfang war das Wort? Welches Wort ist hier gemeint? Es gibt nur ein Wort, welches am Anfang war, dieses Wort wird in den fernöstlichen Ländern in vielen Religionen benutzt, es ist das Wort „OM“. Dieses Wort ist gleichbedeutend mit Anfang und Ende. Man kann es auch als Universum ansehen, denn das Wort war bei Gott, das Universum ist bei der Sonne und die Sonne ist der Urgrund aller Schöpfung, denn unsere Gene kommen aus der Sonne bzw. aus der Lava, der Absonderung von der Sonne. Und Gott war das Wort; oder anders gesagt: ohne Sonne kein Ton, keine Lava, kein Leben!

Haben Sie schon mal aus einem Schatten Leben erschaffen können? Nein, weshalb nicht? Dazu benötigen Sie das Licht. Der Kosmos entstand demnach aus der Lava vieler Sonnen und das, was sich in unserem sichtbaren Kosmos befindet, hat sich von anderen Sonnen abgesondert und wurde von der Lava dieser Sonnen erschaffen. Demnach sollte es noch andere Formen von Kosmen geben und diese sind hinter den Schwarzen Löchern zu finden, was für uns noch unvorstellbar ist; aber nach bisherigen Beobachtungen, kann festgestellt werden, dass man Objekte in diese Schwarzen Löcher verschwinden sehen hat. Das bedeutet, unser bisher sichtbares Universum hat Übergange, die uns noch unbekannt sind. Hier anknüpfend sollte man sich mal die Theorie des Urknalls durch den Kopf gehen lassen, denn wenn eine Entstehung des Universums durch einen Urknall als Anfang allen Daseins vorhanden war, woher sollte dann eine „Energie“ kommen, die ja dann noch vor einem Urknall da gewesen sein muss, und wie sollte diese Energie entstanden sein? Des Weiteren wäre dann zu bedenken, weshalb ist der Kosmos nicht unendlich, folglich auch nur begrenzt, umgeben mit einer Hülle und wie sollte die entstanden sein? Was den Rückschluss zulässt, ein Kosmos muss auch wegen seiner „Begrenztheit“ entstehen, die aber vortäuscht, unendlich zu sein, vergleichbar mit der mittelalterlichen Vorstellung, wenn wir an den Rand des Tellers kommen, fallen wir herunter. Erst wenn wir an den Rand des vermeintlichen Kosmos kommen oder ihn sichtbar machen können, lassen sich weitere Erklärungen, die ich Ihnen bereits mitteilte, in Büchern veröffentlichen und als Studium für spätere Generationen hervorbringen. Was so viel bedeutet wie: Dunkelheit allein kann nichts hervorbringen, keinen Stein, kein Gas oder was es auch immer sei, ein Ende oder ein Übergang sowie auch mehrere Übergänge kann es dann nicht geben, da ein Knall doch Energie benötigt, wie Luft, Gas oder was es auch immer sei. Auch Lava kann keinen Urknall erzeugen, da es auch nur ein Produkt der Sonne ist, demnach können Lavamassen zwar zusammenstoßen und sich vermehren, aber keinen „Urknall“ erzeugen, da sie erst durch etwas entstehen müssen. Unsere Beobachtungen aber besagen, es gibt Übergänge zu anderen Kosmen, wo bitte sollen die herkommen, da es angeblich nur „einen“ Urknall gegeben hat. Weiterhin stellt sich die Frage, wer hat diese Übergänge geschaffen; oder wie entstanden diese? Es kann demnach keine Mauer aus Lava geben, auch keine Gesteinsbrocken im Weltall, wenn nicht etwas hinter dieser Mauer wäre, was das Ende des Universums für uns bedeutet. Hinter dieser Lavamauer befinden sich mehrere Sonnen, deren Lava, gemessen in Lichtjahren, das für uns sichtbare Weltall gebildet hat, ein Vakuum, in dem man nach Belieben Geschwindigkeiten erreichen kann, die in einer Welt mit Atmosphäre nicht erreicht werden können. Trägheit der Masse nennt man dies und daher, egal, wie viele Menschen forschen, an einem oder mehreren Objekten, es muss immer die gleiche Voraussetzung vorhanden sein sowie das gleiche Ergebnis erscheinen, ansonsten reden wir immer aneinander vorbei.

Wenn es keine Außerirdischen gibt, dann gibt es uns auch nicht, denn von denen stammen wir ab, ob wir es leugnen oder bejahen, an der Wahrheit kommen wir nicht vorbei. Einen Moses (Ramses) hätte es dann nie gegeben, das Alte Testament wäre dann nur eine Aufzeichnung von mehreren Personen mit Stammbaum-Hinterlassung.

Das selbst in Moskau am hellichten Tag USOs gesehen wurden und ein junger Mann aus der BRD unter dem Radarschirm der Russen bis nach Moskau mit einem Privatflugzeug kam, zeigt deutlich, das Militär ist an sich nicht schießwütig, es wird erst geprüft, ob ein Objekt militärischer Abstammung oder ob versehentlich jemand einen falschen Kurs eingeschlagen hat. Davon ausgehend, dass man auf dem Radar auch USOs erkennen kann, allein an der Geschwindigkeit des Objektes kann man dies erkennen, so schlussfolgernd sagte auch ein Offizier der russischen Streitkräfte, wenn man auf alles schießen würde, was den Grenzbereich überfliegt, so würde man wohl dann auch auf Außerirdische schießen. Dem ist aber nicht so, da dann auch zivile Flugzeuge von Außerirdischen angegriffen werden würden und dies ist bereits vorgekommen.

Man hat das Phänomen der Außerirdischen nicht nur in Amerika, auch in Russland und in der BRD erlebe ich es fast täglich. Vor meinem Fenster in Berlin (BRD) Tegel, in unmittelbarer Nähe des Flughafens, erlebe ich fast täglich, dass ungewöhnliche „Winde“ wehen und seltsamerweise immer dann, wenn kein Flugzeug am Starten oder Landen ist. Woher kommen diese seltsamen Winde? Mein nächstes Buch wird garantiert ein Videobeitrag mit mehreren Windvideos, die so, wie ich sie filme, praktisch nicht möglich sind, weil immer nur an „einer" Stelle der Wind zu bemerken ist und nicht in der gesamten Straße oder einem Straßenabschnitt, was bedeutet, jemand teilt mir etwas mit, wie z. B., was man mit Windenergie alles tun kann; oder würden Sie als normaler Mensch Windmühlen bauen, die keinen Nutzeffekt haben, weil die Flügel (Propeller) aerodynamisch sind und nicht vom Wind angetrieben werden? Dann stellt sich der Bürger doch die Frage, weshalb hat man die Mühlen im Mittelalter mit Tüchern und Flügeln gebaut, damit ein Nutzen entsteht oder um etwa Energie zu verschwenden?

In Amerika findet man Windräder, die wesentlich kleiner sind, aber die sind so effektiv, da diese mehr als drei Flügel haben und den Nutzen, den man dabei hat, der rechnet sich auch bei Kleinfamilien. Bei uns in Europa rechnet es sich nicht einmal, wenn wir die Sonnenenergie selbst verbrauchen, stattdessen wird die ins „Netz" eingespeist und dient dazu, den Stromverlust, den man hat, wenn man selbigen ins Kabel einspeist, zu kompensieren. Wir leben also in der Illusion, etwas zu verbrauchen, was teurer ist, obwohl es doch keinerlei Umweltschäden erzeugt und wenn wir den Stromanbieter wechseln, der uns Billigstrom anbietet, aber die Lebensmittel und unseren Lebensraum radioaktiv verseucht, dann wird dies „staatlich" gefördert. Haben Sie schon ein mal gezählt, wie oft es atomar geknallt hat und wie oft ein GAU aufgetreten ist, es war bestimmt kein „Urknall". Nehmen wir das, was demnach schon öfters mal passiert ist, als „Wortmanifestation“, so hat sich das Wort „Urknall“ im negativen Sinne manifestiert, da es zu Explosionen kam, um denen zu zeigen, auf welchem falschen Wege, sie sind, da die Befürworter der Atomenergie in diesem Moment erleben, was es für Folgen hat, wenn man mit dem Feuer spielt und andere Energien als schädlicher hinstellt, als diese sind. Vergleichen wir einmal verschiedene Stromherstellungsmethoden mit Sonnenenergie, entstehen in der Herstellung Kosten, die sich durch den Gebrauch wieder bezahlt machen und demnach in allen verwendeten Bereichen umweltfreundlich sind. Kohle als Heizmittel und Stromlieferant ist im Abbau krebserregend, nur im Bereich der Entsorgung weniger krebserzeugend. In dem Zeitraum der Nutzung ergeben sich weniger Krankheitserreger. Verwenden wir Öl und Gas als Heizmittel, sind uns bei Gas nicht alle Kriterien bekannt, da auch Gas trotz Verbrennung Rückstände aufweist, die besagen, es kommt vor, dass es zu Explosionen kommt, weil keine „restlose Verbrennungsgarantie“ gegeben ist. Am schlechtesten schneidet die Atomindustrie ab, bei der Herstellung wird Uran benötigt, der Beginn krebserregender Stoffe, abgesehen von der atomaren Strahlung, die die letzte Coronaseuche erzeugte. Es geht weiter mit der Stromerzeugung, hier benötigt man Wasser für die Kühlung, welches nach der Kühlung verseucht ist. Weiter geht es mit dem verseuchten Wasser, das wieder in den Kreislauf der Flüsse kommt und nicht nur zu Leukämie führt, siehe auch die Pandemie Covid-19. Die Strahlung im Umfeld wird bei Atomkraftwerken immer größer, je nach Länge der Betriebszeit. Recycelt man die Brennstäbe, hat man zwar das Uran als Restbestand, aber auch hier entsteht Strahlung und nicht nur Krebs. Bei einer Mülldeponie dauert es tausende von Jahren, bis sich die Strahlung verringert, aber eine Sicherheit ist nicht gegeben. Oder finden Sie es angenehm, auf einem Pulverfass zu sitzen? Ich kann mir etwas Besseres vorstellen.

Zusammenfassend kann gesagt werden, wenn ich in der Schule etwas Falsches lerne, bin ich später auch weiterhin der Meinung, es wäre so richtig, da „keine Weiterbildung" im Beruf erfolgt, oder wollen Sie mir erklären, wenn ein Politiker im Aufsichtsrat der Stromlobby sitzt, würde sich dieser für die Interessen des Volkes einsetzen, wir erleben genau das Gegenteil. Das Wort, welchem wir eine falsche Bedeutung geben, hat dann eine negative Wirkung. Kann ich mit Worten auch Lebewesen erschaffen, so wäre es möglich, Tiere, die ausgestorben sind, wieder erscheinen zu lassen oder Lebewesen auftauchen zu lassen, wo diese einer Notwendigkeit entsprechen. Da auf dieser Erde nicht nur die Saurier bisher ausgestorben sind, außer in Schottland, siehe Loch Ness, wird es in der Zukunft auch nicht anders aussehen, dass weitere Tierarten aussterben; denn der Neandertaler ist an sich auch ausgestorben, wenn es auch nicht immer den Anschein hat, dass dem so sei.

Die Arche Noah

Wenn ich den Pfarrer in der Kirche reden höre über Gott und die Welt, dann fällt mir ein, es gibt etwas, was nicht sein kann. Da sagt seine Hochwürden doch glatt, Noah hätte einen „Kahn“ gebaut, der sei so groß gewesen, dass von jedem Tier auf Erden zwei Exemplare dort Platz gehabt hätten. Es ist keine Rede davon, wie viel Trinkwasser und Futter mit an Bord war, denn Trinkwasser für ein „Jahr“, wäre nur für eine kleine Familie schon enorm viel, abgesehen davon, mit welchem Wasser wollte man sich waschen? Hätten Sie nur 10 Liter Trinkwasser pro Tag und rechnen dies mal 365, so sind das pro Person 3650 Liter = 3,650 Tonnen an Gewicht, bei drei Personen sind das 10.950 kg oder fast elf Tonnen nur Wasser, und ob sich das Trinkwasser so lange geschmacklich hält, kann ich mir nicht vorstellen, hierbei sind die Tiere noch nicht mitgezählt. Egal, ob es Sommer oder Winter wäre, man hätte nur einen bestimmten Wasservorrat. Wenn Sie die Käfige der Löwen, Tiger, Elefanten, Giraffen und anderer Tiere reinigen wollen, benötigen Sie ebenfalls Trinkwasser, denn mit Salzwasser dürfte das kaum gehen, wenn wir von dem Gestank, den die Tiere hinterlassen, mal absehen. Kommen wir zu dem, was der Mensch isst, so kann ich mir nicht vorstellen, ein ganzes Jahr nur Fisch zu essen, abgesehen von den Löwen, Elefanten und dergleichen, oder füttern Sie ein Känguru mal mit Fisch, das Tier springt Ihnen glatt ins Gesicht. Denken Sie einmal an die unhygienischen Zustände, die herrschen, wenn Sie ein Jahr lang nicht richtig saubermachen können, außerdem wären Sie ziemlich kopflos, wenn all die Länder, die vorher da waren, plötzlich unter Wasser stehen, wohin wollten Sie sich wenden. Einen Kompass sollte es dann aber noch nicht geben, was in Anbetracht der sinnlichen Überlegung der Unmöglichkeit eines solchen Unternehmens, mit einem „Schiff" unterwegs zu sein, was einer Nussschale gleicht, einem Selbstmordkommando gleichkommt. Weitere Überlegungen wären, auf einem Schiff kann man kein Feuer machen, demnach auch nicht kochen, da kein Brennmaterial vorhanden wäre und irgendwo anlegen, um mal schnell Spiritus zu holen, wäre auch nicht möglich. Es gäbe keine warme Dusche, keinen heißen Kaffee, kein warmes Mittagessen und das ein Jahr lang, wem wollen Sie das zumuten? Die nächste Hürde, die sich auftut, ist, wenn zwar so etwas wie ein (Raum-)Schiff gebaut wurde, würden dort auch nicht all diese Tiere auf einmal befördert werden können, aber die Arche, die Noah demnach baute, war ein „schwebendes Labor", in dem man all die „Gene" von den Tieren sammelte, die es zu jener Zeit gab. Solches steht aber nicht in der Bibel und die Kirche erzählt uns auch nichts davon oder hat Martin Luther es so übersetzt und der Papst es nicht zugelassen? Mit diesen Genen kann man dann im Kosmos wahlweise zu den Planeten schweben, die die gleiche Tierart beherbergen. Das hört sich im ersten Moment so völlig unglaubwürdig an, aber bei der Technik, die wir heutzutage anwenden, war man schon vor mehr als 6.000 Jahren mindestens genauso weit, wie wir es heute sind. Wir hinken der Geschichte demnach mindestens 6.000 Jahre hinterher, da uns der Neandertaler so sehr fasziniert, weil er sich in der Vergangenheit seit über 30.000 Jahren so gar nicht weiterentwickelt hat, nur Tiere jagte und primitives Handwerkzeug hervorbrachte, im Gegensatz zu dem plötzlichen Auftauchen von Ägyptern und Atlantern, die in „Vollkommenheit“ schwelgten. Der Einfachheit wegen könnte man ja mal sagen, was sind die eigentlich, die sich Ramses nannten, aber niemand kann sagen, woher die kommen, obwohl die Anordnung der Pyramiden doch so was von deutlich auf das Sternbild Orion hinweist.

Man muss tatsächlich noch im Bewusstsein der Neandertaler leben, wenn man dies alles nicht bemerkt hat. Wollen Sie noch immer darauf bestehen, dass es keine außerirdischen Lebewesen gibt? Es wäre folglich für all die von Interesse, Fotos oder Videos unverfälscht zu sehen, wie es z. B. Von einem Fernrohr aus zu sehen ist, welches im Kosmos stationiert ist. Solche Vorträge sieht man leider nur selten im Fernsehen. Filme, die auf Tatsachen beruhen, sind auch eine Rarität. Es zeigt sich hier, dass ein breites Bedürfnis nach Informationen besteht, um eine Akzeptanz für etwas zu erreichen, was nicht von dieser Erde ist. Aber diese sind seit Jahrzehnten hier anwesend und machen sich mit Gegenständen bemerkbar, die wir im täglichen Leben anwenden. Die eine oder andere Erfindung kommt von anderen Planeten, wie z. B. das blaue Fernlicht. Das verwendeten schon die Ägypter in den Pyramiden, wir entdeckten es dort und nun findet es allgemeine Anwendung. Die Solarenergie nutzten schon die Griechen, eine versenkbare Brücke wurde schon auf Atlantis verwendet, circa 5000 Jahre vor Chr., was also wollen wir Neues schaffen, außer „mein Haus ist höher als deins“ oder „mein Schiff ist länger als deins“? Glauben Sie wirklich, mit solchen Parolen können Sie einen halbwegs intelligenten Menschen beeindrucken? Was haben Sie für die Menschheit getan?

Bestimmt haben Sie nur etwas für Ihre Familie getan? Oder sind Sie gerade dabei, in Afrika neue Waffen zu verkaufen, damit die UNO wieder Care-Pakete verteilen kann? Es bedarf nur etwas Intelligenz, um festzustellen, dass eine Sintflut immer dann notwendig ist, wenn sich die Menschheit über etwas stellen will, was mit Geld nicht zu kaufen ist. Es ist der Glaube an etwas, was unser aller Morgen ausmacht, gemeinsam die Zukunft zu gestalten. Denn wenn es keine Millionäre mehr gibt, haben Sie auch keine Arbeit mehr oder wo wollen Sie morgen arbeiten gehen? Wird jedem geschäftsfähigen Menschen der Weg nach oben verwehrt, bricht alles nach und nach zusammen. Wenn Sie sich nur allein die Wirtschaft der EU ansehen, dort schafft man es nicht, auf dem Gebiet der Fluggesellschaften eine Zusammenarbeit aufzubauen, die den kriminellen Fluggesellschaften jegliche Tätigkeit untersagt. Auf anderen Gebieten ist es nicht viel anders. Es ergibt sich der Anschein, nur Katastrophen können etwas ändern, so wie eine Eiszeit oder eine Sintflut, dann hat man einen Grund, wieder von vorne anzufangen. Sie sollten demnächst mal über die Sintflut nachdenken und meine Denkhilfe dazu benutzen, sich diese vorzustellen. Plötzlich kommt von allen Seiten nichts als Wasser, so wie wir es oft im Fernsehen vorgesetzt bekommen, dann überlegen Sie einmal, ob Sie tatsächlich einen Stuhl aus Teakholz brauchen oder ob ein Stuhl aus Eiche Ihnen auch genügt.

Was haben die Ägypter mit den Griechen gemeinsam?

Nur das Mittelmeer trennt diese beiden Länder, aber vorher war da noch etwas anderes, es war Atlantis. Diese Insel im Mittelmeer hatte etwas Vollkommenes, dort wohnten die Götter von einem anderen Planeten. Wie schon vorher erwähnt, hatten die Pyramiden eine goldene Verkleidung; aber nicht nur die Dächer des Tempels von Gizeh, sprich Pyramiden, waren vergoldet, sondern auch die Säulen der Tempel in Griechenland. Man erkennt es daran, dass die Säulen tiefe Rillen nach innen haben, aber das Gold fehlt. Was mir hierbei aufgefallen ist, die Säulen sehen an den Stellen, wo die jeweilige Rille endet, aus, als ob da jemand daran rumgeknabbert oder, anders gesagt, etwas herausgebrochen hat. Demnach ist an sich ersichtlich, dass das Gold, welches in den Rillen war, unsachgemäß entfernt wurde, um der Nachwelt die sachliche Nachforschung zu erschweren. Oder würden Sie sagen, das liegt wohl daran, dass ein schweres Erdbeben Atlantis verschwinden ließ, wobei Teile des Goldes abbröckelten und somit die Nachkommen den Wert und die Funktion der vergoldeten Säulen nicht beachteten; aber die Welt ist deshalb an sich noch nicht untergegangen. Zu jener Zeit, als ich noch zur Schule ging, hatten die Griechen an ihren Tempeln ein merkwürdiges Muster, am oberem Rand, unter dem jeweiligen Dächern, siehe vorangegangenes Foto. Dummerweise benutzt man in der Produktion von Solarzellen heutzutage genau das gleiche Muster für die Herstellung von Solarzellen. Demnach forscht die Wissenschaft nicht, sondern übernimmt die Technik von Außerirdischen, die es, wenn es nach der Wissenschaft geht, nicht gibt. Es ist dann so etwas wie eine Enteignung der Toten; aber auch die Toten haben Nachkommen. Ihnen sei anhand des vorgegebenem Bildes, welches ein Teil der gewesenen Möglichkeit erläutert, wie eine Säule damals ausgesehen hat, nur die vorhandenen Rillen waren auch vergoldet, was hier nicht direkt ersichtlich ist, aber mich doch zum Nachdenken anregte, denn weshalb wird „nur“ der Säulenfuß und das obere Ende vergoldet, wobei an sich die „Verbindung“ fehlt, denn wenn die Säule so etwas wie eine Achse darstellt, sollte die Achse eine elektrische Verbindung darstellen und sein.

Auf Grund heutiger Beobachtungen kann ich Ihnen mit Bestimmtheit sagen, dass die Griechen die Sonnenenergie für ihre Tempel benutzten; aber gleichzeitig stellten die Goldenen oder besser gesagt vergoldeten Säulen eine „Blendeeinrichtung“ dar, da selbige das Sonnenlicht reflektierte und gleichzeitig Strom erzeugen konnte. Schlussfolgernd daraus stellt eine „blendende Einrichtung“ etwas dar, was zur Bestrafung für die Personen vorhanden ist, die etwas fordern, ohne etwas gegeben zu haben. Auch kann ich anhand von Fotos, die im Internet zu sehen sind, sagen, zur damaligen Zeit hat es schon „Videoaufzeichnungen“

gegeben, was auch die Azteken in Südamerika kannten. Dort führte man der Bevölkerung Filme vor und das können keine irdischen Personen gewesen sein; denn der Kalender der Mayas beginnt 3300 Jahre vor Chr. Die Jahreszahlen der Wissenschaft schwanken erheblich, denn wenn der Kalender über 5500 Jahre alt ist, oder besser gesagt seine Funktion, woher wollen die, die selbigen erschaffen haben, lesen und schreiben gelernt haben und wo haben die studiert? Es verblüfft mich immer wieder, welch riesige Lücken zwischen ersten hochgeistigen Tätigkeiten von den Anfängen der Menschheit klaffen, bis zu den Ersten Gebäuden, die errichtet wurden, das sind 2700 Jahre. Der Zeitpunkt ist etwa der gleiche, ca. 600 v. Chr. entstand Athen und die Mayas, Inkas und Azteken bauten militärische Anlagen, mit Gold verziert, kannten die moderne Technik der „Telefonkarten“ und unsere „genialen Forscher“ haben sich das von denen abgeschaut! Nur wozu verwendeten die Mayas, Inkas und Azteken die Elektronik, denn Handys gab es noch nicht oder man hat noch keine gefunden?

Wenn Sie sich die Tempel der Griechen mal etwas genauer ansehen, so bemerkt man, dass die „Form“ der Tempel einem Microchip gleicht, was bedeutet, die Götter wie Zeus waren nicht von dieser Erde, denn Zeus lebte auf Atlantis und war gleichzeitig Gott der Griechen.

Wie kann man das mit Bestimmtheit sagen: In dem Buch von Homer/ Ilias steht im Zwölften Gesang Vers 230/ 235: Raubten am Ende die Götter, die selber die volle Besinnung, der du uns heißt vergessen des Zeus, des „donnernden Gottes“. Weshalb nennt man Zeus den „Gott des Donners“? Wenn Zeus ein Gott war, wie wurde er dies? Und nach meinen „parallelen Erlebnissen“, die ich auch in Berlin hatte, als ein Mutterschiff (Raumtransporter) startete, hörte sich dies an, als ob ein Gewitter mit Blitz und Donner zu der Zeit gerade aktiv war; aber das Grollen des Donners passte so gar nicht zu dem Wetter, es hörte sich an, als ob jemand Bowling spielen würde (eine Kugel rollt über das Parkett). Vergleichen wir das Handeln von damals und die Tatsache, dass die Bücherei von Alexandria mit allen „Büchern“ abbrannte, so bin ich mir so gut wie sicher, dass die Bücher auch „anders“ gespeichert wurden, so, wie wir es heutzutage auch tun, z.B. auf einem Computer; denn wozu haben außerirdische Microchips, die selbige später dann stark vergrößert, in Form von Tempeln, erbauten. Gemeint ist hier, wenn ich die Fähigkeit habe, Microchips herzustellen, kann ich auch größere Massenspeicher herstellen, wie das, was wir heutzutage Server oder auch Massenspeicher nennen, z. B. Terrabytespeicher.

Wenn Sie sich das Foto etwas genauer ansehen, dann können Sie feststellen, dass die lange Seite einem griechischem Tempel doch sehr ähnlich sieht, auch hat ein Tempel an der kurzen Seite Säulen, im Gegensatz zum Microchip. Wenn die Akropolis an der kurzen Seite acht Säulen hat und vier Etagen unter der Erde, so sollten andere Tempel, die weniger Säulen an der jeweiligen kurzen Seite haben, demnach auch weniger Etagen nach unten haben. Es stellt sich daher die Frage, was das für Tempel waren und ob selbige nicht eine „neue" Generation" der Menschheitsüberwachung darstellten und somit auch die Bücher, die diese Menschheit geschrieben hat, denn wenn ich die Form eines Microchips mit der Form eines Tempels vergleiche, so ist eine gewisse Ähnlichkeit nicht abzustreiten, nur dass ein Tempel eben eine starke Vergrößerung ist. An den Tempeln sind Muster zu erkennen, die besagen, dass zu jener Zeit Solarenergie genutzt wurde, was auch in

Ägypten geschah, denn die Goldverkleidung eines „Daches", das die Pyramidenform hat, kann gleichzeitig als Energiequelle genutzt werden sowie auch als „Satellitenschüssel", die senden und empfangen kann und außerdem noch die Funktion hat, blendend zu wirken auf die, welche gegen die Gebote verstoßen. Sehen sie sich die neuere Generation von Mikrochips dagegen an, so haben selbige eine viereckige Form und das war damals in den 80er Jahren eine Idee von mir, da die elektronischen Fachleute nicht in der Lage waren, vorhandene Mikrochips zu vergrößern, um mehr zu verarbeiten, stattdessen reden wir von „Innovation". Dieses Wort bedeutet so viel wie Diebstahl. Anderen etwas abschauen, so wie die Affen, die alles nachmachen, ist kein Zeichen von Fortschritt. Etwas Neues einbringen, bedeutet nicht, anderen etwas zu stehlen. Es stellt sich dann die Frage, was findet die Moderne Technik denn nun „Neues"? Die neuesten Errungenschaften sind 32-Terrabyte-Massenspeicher, die schon dann wieder überholt sind, wenn selbige auf dem Markt sind, d.h. unsere Handys können noch immer nicht mit dem Laptop gleichgeschaltet werden, da die Wirtschaft nichts so weltbewegend „Neues" zu bieten hat. Meine Sim-Karte kann ich nicht für den Laptop benutzen, da dann die Telefongesellschaft sich „hintergangen" fühlt und die Preise erhöht. Wie sehr muss ich mich dann als Kunde hintergangen fühlen, wenn mein Handy nicht mit dem Computer ohne Zusatzprogramm gleichgeschaltet werden kann, um Fotos aus dem Internet herunterzuladen, und man diese nur mit Internetverbindung ansehen kann, es geht demnach darum, die Kunden abhängig zu machen und viel Zeit zu verschwenden, z.B. 20 Jahre für ein Teilprogramm, welches den Kunden ermöglicht,

Bilder in gleicher Größe auf dem Computer wiederzugeben, egal, in welchem Format selbiges aufgenommen wurde. D.h. Programmentwickler sind nicht in der Lage, nach Veröffentlichung eines neuen Computerprogrammes festzustellen, wie viele vorangegangene Fehler noch nicht verbessert wurden. Es ist eine Schande; aber kein Fortschritt, wenn ich außerirdische Technik verwende und anderseits so tue, als ob es keine außerirdische Menschheit gibt. Es sei festzustellen, dass es möglich ist, dass jeder seine Bilder, die im Internet kopiert wurden, auch vom Handy etc. mit der Funktion, als Administrator zu arbeiten, auf einen Computer zu kopieren, denn Administrator bedeutet „Eigentümer“. Wenn ich meinen Computer nur noch mit Internet benutzen kann, dann wäre es besser, wir holen wieder die alten Schreibmaschinen aus dem Keller, die benötigen nur gelegentlich ein neues Farbband, welches wesentlich billiger ist. Wenn ich Ihnen dann noch das Kabelfernsehen etwas näher bringe, so sind wir immer noch nicht in der Lage, z.B. neun Fernsehprogramme gleichzeitig zu sehen, um eine bessere „Bildung“, eventuell auch in einer anderen Sprache, zu erhalten, was man uns ja zur Zeit des Entstehens des Farbfernsehens im Jahre 1968 versprochen hat und bis 2017 selten, wenn nicht sogar überhaupt nicht sendet, obwohl doch jeder Film in seiner Originalsprache gedreht wird, wir würden dann etwas dazulernen, was in einer Diktatur nicht erwünscht ist.

Um nicht vom Thema abzukommen, möchte ich Ihnen Atlantis und Stonehenge etwas näher bringen, dazu sind Bilder nötig. Ich versuche, es Ihnen zu beschreiben, anhand vorhandener Bilder, da es auch vorkommt, dass die eine oder andere Person etwas übersieht und daher ein Bild auch anders beschreibt. Stonehenge bestand in seiner Urform aus drei Steinringen oder besser gesagt aus drei Edelstahlringen, die verschieden hoch waren und mit Beton verkleidet wurden. Der Grund, weshalb das Metallgerüst verkleidet wurde, liegt darin, da das Mutterschiff, dessen Form rund ist und einen Durchmesser von 500 Metern hat, was ich aber nicht nachmessen konnte, einen seitlichen Halt braucht und Strom in so hoher Voltzahl abgibt wie ein Blitz beim Unwetter, den wir nicht in der Lage sind zu speichern, z.B. in Akkus, Was gleichzeitig bedeutet, mit einem Antrieb, der Strom erzeugt in so hoher Voltzahl, dass man damit eine Kleinstadt versorgen kann; aber keine Atomenergie Verwendung findet. Eine bessere umweltfreundlichere Energie kann man sich kaum vorstellen. Allein diese Tatsache erklärt mir, dass hier keine Kultstätte vorhanden war und da nicht nur wir Menschen, sondern auch Gottheiten sozusagen Gewohnheiten haben, indem wir immer unsere neuesten Erkenntnisse verwenden, so ist auch Atlantis in Form von drei Kreisen aufgebaut worden, ein Wasserweg führte in das Areal und selbiger Fluss wurde dann nach innen in drei Kreisflüsse aufgeteilt, deren Zwischenräume wiederum bebaute Ringinseln in verschiedenen Größen darstellten.

Der Mittelpunkt war aber dann wiederum ein Tempel bzw. das Herrenhaus eines Königs bzw. einer Gottheit namens Zeus. Eine Wasserfilteranlage befand sich an der rechten Seite am Eingang des Flusses, der die Ringinseln trennte, d.h. der direkte Weg zum Tempel wurde unterbrochen von versenkbaren Brücken, welche den direkten Wasserweg freigaben. Die Gemeinsamkeit des Baustiles liegt in den Ringbauten. Stonehenge hatte drei Ringe und

Atlantis hatte drei Ringe. Die Gemeinsamkeit ist an der Form erkennbar. Es kann demnach kein zweites Atlantis gegeben haben, da es zu dieser Zeit auch keinen Atlantischen Ozean gegeben hat, denn es gibt nur eine Person, die Atlantis beschrieben hat, und dies war Platon. Auffällig ist auch, Atlantis war von einer Mauer mit Wachtürmen umgeben, die Parallele hierzu findet man in der noch nicht allzu langen Vergangenheit der DDR, die sich auch mit einer Mauer abschirmte, um kriminelle Aktivitäten zu rechtfertigen. Nachdem ich mir zwei Bücher kaufte, eines mit dem Titel „Platon – Sokrates im Gespräch und Homer Ilias“, stellte ich fest, dass Atlantis kurz vor Griechenland gewesen sein muss und schrieb dies nieder, was andere Institutionen dann auswerteten und Figuren aus Gold fanden, „als ob selbige dort hingelegt wurden“, so deren Kommentar. In dem Buch von Homer im Inhaltsverzeichnis ist folgendes zu lesen: Zwölfter Gesang: Kampf um die Mauer, dem folgt: Schlacht bei den Schiffen, dem folgt: Täuschung des Zeus (der Gott der Griechen), dem folgt: Wiederangriff bei den Schiffen etc., dann ein paar Kapitel weiter, Zwanzigster Gesang: Die Götterschlacht und so weiter und so weiter. Hier ist erkennbar, es gab mehrere Götter; oder besser gesagt Gottheiten, männlicher und weiblicher Art, demnach auch verschiedene Religionen und so ist es bis zum heutigen Tag. Die Bestätigung finden wir darin, wenn mehrere Rassen von verschiedenen Planeten sich hier nach der Sintflut ansiedelten, müssen die auch verschiedene „Anführer oder Könige“ haben, die man auch als Götter bezeichnete. Haben wir eine kosmische Verbundenheit, sind die Kupplungen für Raumschiffe auch gleich und der Aufbau eines Stonehenge wird sich demnach auf anderen Planeten wiederholt vorfinden lassen. Es fand eine Ausstellung in Berlin statt, die nur wenige Personen sehen konnten, da die Räumlichkeiten begrenzt waren. Die Figuren zeigten Personen, die den Ägyptern eher ähnlich sind als den Griechen, was nicht heißen soll, dass die Ägypter auch Einwohner von Atlantis waren; aber beide Völker stammen von den „Atlantern" ab. Demnach war Zeus einer von Atlantis, also ein Außerirdischer, und auf der Seite der Ägypter war immer Ramses (Moses) das Gegenstück zu den griechischen Göttern. Eine jüngere Generation (Moses, der jüngste im Raumschiff) stellte sich gegen eine ältere Generation; aber über Atlantis arbeiteten beide zusammen. Die Mayas, Inkas und Asketen (Azteken) bzw. der Anführer mit dem militärischem Gefolge war wohl der, welcher Atlantis angegriffen hat. Demnach kann Atlantis nicht im „Atlantik" gelegen haben. Zu dieser Zeit gab es auch keinen Erdteil Amerika, da dieser noch mit dem Festland von Afrika und Europa verbunden war. Erst ein Unwetter, welches durch Blitzeinschläge in einem stumpfen Winkel in der Höhe von Portugal stattfand, spaltete den bisher einen Kontinent, gleichzeitig gab es dort eine Art Vulkanausbruch, der eventuell aber auch durch einen Raumtransporter verursacht worden sein kann, in mehrere Erdteile und ließ den Kontinent Amerika entstehen, dadurch gab es einen Durchbruch vom Mittelmeer, zum heutigen Atlantischen Ozean. Wir nennen sie die Straße von Gibraltar, wobei sich der Boden im Mittelmeer senkte und Atlantis im Mittelmeer versinken ließ. Noch heute findet man Überreste von den Aufbauten im Mittelmeer und nicht im Atlantischen Ozean. Die Folgen der Abspaltung waren so enorm, dass der heutige Kontinent Amerika in kurzer Zeit 800

Kilometer abdriftete, der Zeitpunkt liegt bei etwa bei zwei bis drei Monaten, wodurch der Atlantische Ozean entstand. Außerdem entstand eine so hohe Welle, dass Australien zur Hälfte weggerissen wurde und im Pazifischen Ozean ist daher bestimmt noch mehr Land verloren gegangen. Der Zeitraum der Abspaltung liegt demnach etwa bei 50 Jahre v.Chr., da es vor Cuba (Bahamas) im Meer in ca. 300 Fuß Tiefe Steinwege gibt, die den Römern zugeschrieben werden können, da es zur Zeit der Errichtung dieser Straße nur einen Kontinent gab. Es stellt sich mir die Frage: Wohin floss das Wasser des Mittelmeeres, als es noch keinen Atlantischen Ozean gab; denn ansonsten wäre der Wasserspiegel im Mittelmeer unendlich hochgestiegen. Demnach floss das Rote Meer zur damaligen Zeit in Richtung Indischer Ozean, somit können keine Steine oder Güter in Richtung des Mittelmeeres transportiert worden sein, die Strömung kam aus der Richtung der Sinai-Halbinsel und war demnach auch fruchtbarer als heutzutage. Diese Tatsache findet in der Geschichte nirgendwo Gehör; denn wenn die Ägypter oder besser gesagt die „Atlanter" stromaufwärts gesegelt wären, hätten selbige mehr Zeit benötigt, als Wissenschaftler selbigen zuordnen. Was aber noch viel merkwürdiger erscheinen würde, wenn die Königin von Ägypten, Kleopatra, sich ihren Tempel unterhalb des Meeresspiegels erbaut hätte, ohne das sich der Boden des Mittelmeeres gesenkt hätte, was nicht sein kann, denn es fehlen uns dann die Dämme, die das Wasser abgehalten hätten, da wir ja aus der Gegenwart die Benelux-Staaten kennen, die Staumauern bauen und unter dem Meeresspiegel wohnen; aber noch viel interessanter ist: Seit wann eigentlich gibt es die Meerenge (Straße) von Gibraltar? Die Antwort liegt klar auf der Hand, Cortez segelte nicht ins Mittelmeer, um Atlantis zu finden, er suchte den driftenden Kontinent Amerika, denn die Alten Weltkarten zeigten nur den „einen Kontinent", zu der Zeit gab es keine fünf Erdteile. Sollten Sie etwas anderes gelernt haben, so war das ein Denkfehler der Schulbehörde, die auch in der deutschen Sprache viele Fehler eingebaut hat, um sich von den anderen Sprachen zu unterscheiden.

Nach intensiven Nachforschungen im Interne, konnte ich feststellen, Cleopatra starb ca. 30 Jahre v. Chr., das heißt nach dem Selbstmord von Cleopatra mit einer giftigen Schlange war der Tempel vor Alexandria noch nicht unter Wasser, demnach muss die Kontinentenverschiebung in dem Zeitraum von 30 Jahre vor Chr. bis maximal 20 Jahre vor Chr. stattgefunden haben, weil ansonsten die Eltern von Jesus im Neuen Testament davon berichtet hätten sowie auch Jesus selbst einen Rückblick angestellt hätte. Davon steht aber nichts in der Bibel, es sei denn, man folge den Propheten des Alten Testaments, wie z.B. Amos, Mischa etc., die ja beschreiben, was folgt, wenn der Zorn Gottes offenbar wird .., danach versank Atlantis. Siehe Italien 2016, bisher hab es etwa vier Erdbeben, dort hat man wohl vergessen, etwas an die richtige Adresse zu bezahlen. Die Römer aber haben auf dem Festland von „Amerika", welches jetzt unter Wasser liegt, Mosaikgestein hinterlassen, ohne dass dies jemand zur Kenntnis nimmt. Wie, so erklären Sie doch mal der Öffentlichkeit sollen die Römer nach Amerika gekommen sein, wenn Kolumbus der Erste Seefahrer war, der Amerika entdeckte. Demnach waren die Römer nicht nur in dem deutigen Europa ansässig, sondern auch auf dem Wege nach Amerika, da die Kontinente noch zusammengefügt waren, bis zu Kleopatras Zeiten und das ist noch gar nicht so lange her. Um Ihnen ein Beispiel dessen zu geben, wie diese Art von Blitz ausgesehen hat, der die Kontinente spaltete, gebe ich Ihnen einen Vergleich, mit einem ungewöhnlichen Blitz, den ich in Berlin-Spandau etwa im Jahre 1979 erlebte. Es passierte Folgendes, es regnete, dem folgte das Gewitter und dann sah ich, wie ein „Kreisblitz" sich über einer S-Bahn entlud. Diese Entladung fand genau über der Kupplung statt und sah aus wie ein Kreis, einen solchen Blitz habe ich noch niemals vorher gesehen, auch später nicht wieder.

Eine solche Art von Blitz habe ich bisher nur einmal im Leben gesehen, es liegt wohl daran, dass diese Art von Blitz sehr selten ist oder selbiger von einem USO erzeugt wurde. Demnach eine außergewöhnliche Begebenheit.

Wenn meine Ausführungen Sie etwas verwirrt haben sollten, dann liegt dies daran, es gibt keine Person, die in jener Zeit, als Platon lebte, zugleich oder zu anderer Zeit etwas über eine Insel berichtete, die sich Atlantis nannte und im

„Atlantischen Ozean“ gelegen haben soll. Der Name der Insel richtete sich nach dem Volksstamm, nicht nach der örtlichen Lage, außerdem hat es nur einen Kontinent gegeben, ein abdriftendes Nord- und Südamerika gab es noch nicht, somit wäre der Atlantische Ozean zu jener Zeit hinter Amerika gewesen, was aber nicht sein kann, denn dort befindet sich der Pazifische Ozean. Gehen wir den schriftlichen Mitteilungen von Sokrates einmal nach, so erklärt dieser, dass sein Urgroßvater diese Insel kannte. Sokrates lebte von 427-347 v. Chr.! Rechnen wir weitere 150 bis 200 Jahre rückwärts, das wäre es in etwa 594 bis 597 v. Chr. laut Internet, was nicht unbedingt so stimmen muss, da oft kein Quellennachweis vorhanden ist. Demnach sollte es in der Bibel bzw. im Alten Testament Hinweise darauf geben, die besagen, was vor der Geburt von Jesus, aber nach der Zeit von Cleopatra im Mittelmeer geschah. Auch hier fehlen die Jahreszahlen als Nachweis in der Bibel. Denn heutzutage liegt der Tempel von Cleopatra unter Wasser, was beweist, nicht der Meeresspiegel ist gestiegen, sondern durch die Absenkung des Mittelmeeres und gleichzeitiges Abbrechen des Kontinents Amerika senkte sich der Meeresboden im Mittelmeer auf mehrere Kilometer, was nicht auf einen Vulkanausbruch hinweist, der zwar auch stattgefunden hat, aber nicht als Ursache dessen angesehen werden kann. Der Atlantische Ozean entstand dadurch, dass eine Naturkatastrophe, die künstlich erzeugt wurde, den Kontinent Amerika von Europa und Afrika trennte. Diese Naturkatastrophe hinterließ in den Bereichen Marokko, Portugal und Mexiko ein großes Loch, demnach kann also Zeus und Platon kein Marokkaner, Portugiese, Afrikaner oder Mexikaner gewesen sein. Zeus war ein Astronaut, der einen Raumtransporter durch den Kosmos steuerte, um sich auf der Insel vor Griechenland, dem damaligen Atlantis, anzusiedeln, dies war ca. 4000 v. Chr. Sehen wir das heutige Amerika, an der Stelle, wo es sich zurzeit befindet und der Tatsache, dass sich dieser Kontinent in einem Jahr etwa bis zu zehn Zentimetern bewegt, ist der Abstand zwischen Europa und Afrika zu groß, um zu sagen, dass etwa die Sintflut schuld daran war, dass diese Kontinente sich abgespalten hätten; denn der Abstand ist zu groß, d.h. 6000 Jahre wären lediglich 6000 Zentimeter, auch 6000 Meter, das sind lediglich 6 Kilometer, kommen nicht hin. Zurzeit sind es etwa 1600 km. Wäre z. B. am Anfang der Abspaltung eine Strecke von ca. 1000 km zurückgelegt worden, so käme die Entfernung etwa hin. Bei einer Geschwindigkeit von etwa 10 cm pro Jahr sind das in 2000 Jahren nur 20.000 cm. Eine so genaue Beschreibung haben wir aber von der Wissenschaft nicht. Auf Grund der Tatsache einer künstlich herbeigeführten Eiszeit, die in Sekunden Tiere einfror (Saurier in Amerika), bewirkte diese natürlich auch starken Bodenfrost, ein Blitzeinschlag in einem stumpfen Winkel, sowie eine Folge weiterer Blitze, der den gefrorenen Boden dadurch förmlich sprengt, hätte dazu beigetragen, dass die Kontinente entstanden; aber dem war wohl nicht so. Hätte an dieser Stelle ein Kometeneinschlag stattgefunden, so müsste sich dort ein Loch befinden und „anderes Gestein“ an selbiger Stelle vorhanden sein. Auch wäre, wenn ausgerechnet an dieser Stelle ein „Komet“ einschlagen ist, kein Atlantis mehr vorhanden, es wären auch keine Überreste mehr da. Dem ist aber nicht so; denn dem Team von Jack Cousteau, einem französischem Taucherteam, ist es gelungen, Reste aufzufinden und dies im Internet zu verbreiten, in Form eines Videos. Was außerdem von Wichtigkeit ist, aus der Erfahrung der

Gegenwart, löste das Abbrechen des linken Teiles eines großen gemeinsamen Kontinentes so etwas wie einen riesigen Tsunami aus, der in Richtung des Beringmeeres bis hinunter nach Australien reichte. Einiges, was damals Festland war, wie die heutigen Inseln, z.B. Japan und Australien, die waren demnach damals dementsprechend größer. Wenn wir also davon ausgehen sollten, Atlantis habe im Atlantischen Ozean gelegen, so fehlen uns die Reste der Insel, deren Aufbauten, sowie die Möglichkeit einer Feststellung des Urzustandes dieser Erde, die kein Amerika kannte, welches in dem heutigem abdriftenden Zustand vorhanden ist und es angeblich schon damals war. Das Loch, welches zwischen dem damals gesamten Kontinent klafft, ist ab Mexiko, runter nach Südamerika. Demnach war dort auch kein Wasser oder besser gesagt kein Ozean. Den Atlantischen Ozean gibt es erst seit dem Untergang von Atlantis auf Grund der Abtrennung von Nord- und Südamerika von dem heutigen Europa.

So weit zu der Erklärung, wie es dazu kam, dass wir heute mehrere Kontinente haben. Atlantis hatte drei Wasserstraßen, die ringförmig angeordnet waren, selbige weisen an der Einfahrt merkwürdigerweise Brücken auf, die mit Kies bedeckt waren, demnach schlussfolgernd, müssen selbige Brücken hydraulisch absenkbar gewesen sein, denn wie sollten die Schiffe denn bis in den mittleren Wohnbereich kommen, wo Zeus und seine engsten Mitarbeiter wohnten, die sich unabhängig von Schiffen auch mit USOs fortbewegten. Dies ist daran zu sehen, dass die langen Gebäude sich mit einer Tür an der schmalen Seite von den Wohngebäuden unterscheiden, da selbige wie Schuppen aussehen. Bei einem Durchmesser von 3,14 Meter eines solchen schwebenden Objektes, benötige ich kein riesiges

Tor, um einen Schuppen zu verlassen, die Maße stellen etwa drei Wohnzimmertüren nebeneinander dar und haben sich seitdem nicht verändert.

Weiterhin stellt sich die Frage, womit hat Zeus gegen die Eindringlinge gekämpft, mit seinen Schiffen oder auch mit seinen Raumschiffen? Es stand ihnen beides zur Verfügung und daher ist es anzunehmen, dass auch die USOs, die zur Verfügung standen, benutzt wurden; oder wie würden Sie als Gottheit handeln? Ich persönlich setze bei höher gestellten Personen immer so etwas wie ein kleines Stück Vollkommenheit voraus, ansonsten wären es für mich keine Götter; oder Gottheiten und Götter müssen niemanden täuschen, Scharlatane dagegen haben die Täuschung sehr nötig. Bei einer Täuschung mache ich einen klaren unterschied. Wenn ich einer Bedrohung ausgesetzt bin, halte ich es für notwendig, mich vor denen zu schützen, die mir Übles antun wollen. Benutze ich aber eine Täuschung, um vorsätzlich einen Schaden zu erzeugen, dann liegt eine böse Absicht in meinem Handeln, eine Voraussetzung, die keinen humanen Charakter hat. Um dies zu verdeutlichen, ein Beispiel: Ich preise Ihnen ein Auto an, was äußerlich eine aerodynamische Form hat; aber bei Testfahrten verbraucht dieses Auto bis zu 7 Liter mehr als ein vergleichbar anderes Auto. Äußerlich hat das Auto eine tolle Form; aber bei näherem Hinsehen entpuppt sich das Fahrzeug als Niete. Worin ist hier der Grund zu suchen, dass offensichtlich eine Misswirtschaft betrieben wird? Diese Fahrzeuge waren dazu gedacht, einen Motor zu bekommen, der keinerlei Energie verbraucht. Die Hersteller solcher Fahrzeuge interessieren sich aber nicht für solche Motoren, weil dem Staat dann Steuern verloren gehen. Im Klartext, der Staat müsste dann eine neue Steuer erfinden, da ihm die Benzinsteuer in diesem Falle fehlt. Unsere Politiker sind also gefordert, nicht umweltfreundlich zu handeln, ansonsten würde der Umsatz an Öl drastisch zurückgehen und die Art, Strom zu erzeugen, auch. Uns stellt sich also heute die Frage: Was haben wir mit den Griechen und Ägyptern gemeinsam, die Art und Weise, wie wir leben, keiner, niemand will das wirklich ändern, ansonsten würden wir es gleich morgen tun und hätten keine Umweltprobleme mehr. Erinnern Sie sich mal an die 1960er Jahre, da wurden Dinge entwickelt, die wir heute längst vergessen haben, und damals waren wir in manchen Sachen wesentlich umweltfreundlicher, als wie wir es heute sind; aber das ist politisch ja so gewollt, damit es nicht auffällt, wie sehr wir dem Abgrund schon nahegekommen sind.

Fragen und Antworten

Als Leser Ihres Buches mit dem Titel „Stonehenge/Steelhenge“, Teil 1, stellt sich mir die Frage, wie sicher sind Sie sich, dass z. B. Atlantis erst vor etwa 2050 Jahren sank und nicht vor 20.000 oder 60.000 Jahren?

Die Frage ist eigentlich einfach zu beantworten: Das Sinken einer Insel, die nicht mit dem Festland verbunden ist, bedarf einer immensen Kraft, denn ein „Vulkanausbruch“ bringt doch Masse hervor, was im Gegenteil zu dem Absinken von Atlantis geschah, daher ist es nicht möglich, dass ein natürliches Erdbeben diesen Teil, der von Spanien bis nach Zypern reichte, einfach vom Erdboden verschwinden ließ, denn dann wären Berge von Geröll auf die Insel geregnet. Vielmehr ist die Insel unter der Wasseroberfläche noch vorhanden, dies kommt einer „Implosion“ gleich, da durch das Abbrechen des Kontinents Amerika in seiner Gesamtheit, ein „Sog“ entstand, der das Mittelmeer sozusagen aussaugte, es entstand ein Durchbruch, den wir heute die Straße von Gibraltar nennen. Ein Meer, welches sich vor dem heutigen Portugal befand, wäre, wenn es vorhanden gewesen ist, etwa in Frankreich vorhanden. Wäre die Straße von Gibraltar auch damals schon vorhanden gewesen, wäre das Mittelmeer nicht über die Sinaihalbinsel abgeflossen. Folglich wurde Amerika in den damaligen Pazifischen Ozean gezogen sowie die Wassermassen, die sich vor dem Kontinent Amerika befanden, demnach auf der westlichen Seite, wurden nach Asien und Australien gedrückt. Ein Erdbeben der Stärke 8 oder 10 wäre dagegen noch harmlos gewesen. Den dadurch folgenden Tsunami möchte ich nicht miterlebt haben, selbiger hat die Küste Russlands sowie Japans und Australiens wesentlich verändert. Bestimmt hat auch der Kontinent Afrika etwas abbekommen; aber es liegen uns keine Überlieferungen vor und das, obwohl nur circa 2050 Jahre vergangen sind.

Was macht Sie so sicher, dass es so war?

Die Art, wie Sie die Frage stellen, sagt an sich, dass Sie unsicher sind, dass es nicht anders gewesen sein könnte; aber wenn man sich an Tatsachen hält, die in sich logisch sind, ergibt sich die Antwort von selbst, wie folgt: Aus der Überlieferung ist ersichtlich, dass Kleopatra bis 30 Jahre vor Chr. lebte und danach sank die Landzunge vor Alexandria, mit ihrem Palast. Wenn also der Palast von Kleopatra zur selben Zeit sank wie Atlantis, demnach müsste, wenn es nicht so gewesen ist, wie ich es beschrieben habe, erst Atlantis untergegangen sein und später dann der Palast von Kleopatra, der auf einer Landzunge vor Alexandria stand, davon schreibt die Wissenschaft aber nichts; aber der Grieche Plato berichtet, dass sein Urgroßvater die „Insel" Atlantis noch kannte, demnach rechne ich einfach zurück und komme etwa auf das Jahr 50 vor Chr. Nun brauchen sie nur noch die Geschichtsbücher wälzen und stellen dann fest, die Römer entstanden (Remus und Romulus) und Cleopatra hatte mit Cäsar einen Sohn, danach heiratete sie Antony und wurde 39 Jahre, bis das sie sich das Leben nahm. Zu der Zeit stand der Palast aber noch, weshalb sollte also der Palast in den Fluten untergehen, wenn kein „Vulkan" in unmittelbarer Nähe ist und auch kein Seebeben erfolgte? Der Vesuv in Italien lässt doch durch ein

Erdbeben in Ägypten keinen Tempel samt Landzunge verschwinden. Sollte der Tempel von Alexandria mitsamt der Cleopatra untergegangen sein, dann hätte es zu einem anderen Zeitpunkt sein müssen, als auch Atlantis untergegangen ist, demnach hat aber Cleopatra nicht zur gleichen Zeit wie Zeus gelebt. Wäre dem nicht so, haben wir von der Wissenschaft bisher falsche Daten betreffs der Lebzeiten von Zeus und Cleopatra und dem Versinken der Halbinsel vor Alexandria erhalten.

Haben Sie die Möglichkeit, Nachweise zu erbringen, dass Außerirdische hier und jetzt oder auch schon längere Zeit anwesend sind?

Ja, natürlich, in den 80er Jahren, landete ein USO auf einem Friedhof in Berlin-Wedding, das war zu der Zeit im französischen Sektor, da Berlin von den Alliierten nach dem Zweiten Weltkrieg besetzt wurde. Die Fotos zeigen, wo ein abgewetzter Rasen im Kreis zu sehen ist, der Kreis wurde von mir abgemessen und hatte einen Durchmesser, von 3,14 Meter, ein solches Maß benutzen wir hier nicht auf der Erde, wenn ja, dann nur zur Berechnung des Kreisdurchmessers, man bezeichnet es als die Zahl Pi. Die Fotos sind an sich der beste Beweis, vor Ort gibt es keine Müllbehälter, die diesen Durchmesser haben, auch keine Esel oder Kühe sind dort angestellt, die im Kreis zu laufen, um Wasser aus dem Brunnen zu holen.

Im Hintergrund deutlich zu sehen ist ein viereckiges Gestell für den Abfall und für das Wasser ist ein Betonring mit Wasserhahn vorhanden, der zwar rund ist, aber nur einen Durchmesser von einem Meter hat. Von dem Punkt des Müllbehälters und dem Wasserbecken sind es maximal 12 bis 15 Meter, was so viel bedeutet: Das USO ist entweder direkt im Sinkflug nach unten oder es ist an der Wasserstelle im Sinkflug nach unten, um dann noch etwa 15 Meter über die Wegplatten zu schweben, ohne einen Ast oder Baum abzusägen, das Wesentliche aber an sich ist der Abdruck, der kein Betonring gewesen sein kann, da das Gewicht eines solchen Ringes (3,14 Meter im Durchmesser) allein einen anderen Abdruck hinterlassen hätte, wobei wir solch einen Durchmesser nirgendwo benutzen. Da es selten gelingt, überhaupt ein Foto zu machen, da sich die USOs mit mehrfacher Lichtgeschwindigkeit fortbewegen, es sei denn, ihnen ist der Strom zur Tarnung ausgegangen, was ich auch schon erlebt habe, leider hatte ich in solchen Momenten keine Kamera dabei; aber solch ein abgewetzter Abdruck auf dem Rasen von einem USO ist doch auch ein Beweis, den man anhand von der Breite des Grabes erkennen kann.

Wie kommen diese USOs zu uns?

Eine interessante Frage: Würden diese USOs einzeln durch den Kosmos schweben, so würden diese nicht weit kommen, da es an der Geschwindigkeit liegt, wenn man eine größere Entfernung zurücklegen will. Es handelt sich folglich um eine zu kurze Zeitspanne, um sich einzeln im Kosmos zu bewegen und ohne Sauerstoff ist es auch mit mehrfacher Lichtgeschwindigkeit nicht möglich, eine so große Entfernung zurückzulegen, da im Falle einer Störung niemand da wäre, um zu helfen. Daher haben die Außerirdischen einen Transporter, so, als wenn wir Container in einem Frachter befördern. Selbiger hat mehrere USOs an Bord, so wie ein Urlaubsschiff auch Rettungsboote mit an Bord hat. Die Geschwindigkeit beträgt 666,66 Tausend Lichtjahre pro Minute, für eine Strecke von 10.000 Lichtjahren, das sind 11,11 Lichtjahre pro Sekunde. Wer dennoch behauptet, das Licht wäre das schnellste, was dem Menschen bekannt sei, der irrt. Im Vergleich zu Herrn Einstein, der sagte, das Licht legt in einer Sekunde ca. 360.000 Kilometer zurück, dies entspricht der Entfernung Erde/Mond, haben diese Außerirdischen einen Antrieb, der die Lichtgeschwindigkeit in den Schatten stellt. Aber wie gesagt, Herr Einstein redete vom Licht und nicht von außerirdischen Möglichkeiten. Was den Rückschluss zulässt, da man bisher immer „nur“ die Lichtgeschwindigkeit als Maß aller Dinge benutzte und daher auch weitere Fehler aufgetreten sind. Im Fachbereich Musik ist man da schon etwas weiter, dort hört man „Magnetfelder“ von Jean- Michel Jarre, wenn auch nur instrumental und mitunter etwas hart. Solch eine Kugel, aber mit Hitzekacheln rundum, mit einem Durchmesser von etwa 120 Meter, transportiert USOs über jegliche Entfernungen, die tausende von Lichtjahren entfernt sind, im Minutentakt.

Was ist der Unterschied zwischen Lichtgeschwindigkeit und einer Geschwindigkeit, die Außerirdische benutzen?

Der Unterschied besteht darin, dass die Menschheit davon ausging, dass der Herr Einstein feststellte, dass Lichtgeschwindigkeit eine messbare Einheit ist, die es uns erlaubt, Entfernungen zu messen, die wir selbst aber nicht in der Lage sind, zu erreichen, weil uns noch die Technik dazu fehlt. Man gebe zu bedenken, wenn ich allein die Lichtgeschwindigkeit erreicht habe, sollte ich auch in der Lage sein, von dieser Geschwindigkeit wieder runterzukommen oder selbige auch noch zu steigern. Hierbei kam es auch zu Missverständnissen in der Wissenschaft, welche diese Maßeinheit als Lichtgeschwindigkeit zwar benutzte, aber es gab kein eigenes Weiterdenken, dass es möglicherweise noch etwas anderes gibt als das, was schon entdeckt wurde. Ein Beispiel sei hier nochmals erwähnt: Schicke ich Licht in einen Kreis, so kommt das Licht nach der zurückgelegten Strecke wieder an dem Punkt an, wo das Licht startete. Folglich kann das Licht nicht schneller werden als zu dem

Zeitpunkt, als es startete. Setze ich mehrere Lichtquellen in diesen Kreis, so verstärke ich zwar die „Lichtintensität", aber schneller wird es dadurch auch nicht. Wenn ich Abstände zwischen den Lichtquellen habe und Licht sich nicht selbst überholen kann, würde es lediglich intensiver werden und daher dann auch weiter leuchten, als eine „kleine Flamme". Wenn Sie dies studiert haben, um diese Einfachheit nicht zu verstehen, so sind es bestimmt noch mehr Dinge, die wissenschaftlich falsch interpretiert werden, und das weltweit. Der Unterschied zu der Technik von Außerirdischen ist, selbige benutzen die Magnetfelder, die sich im Kosmos befinden, so stellen sozusagen Schwarze Löcher mitunter ein Magnetfeld dar, welches Objekte, die einen Magnetantrieb haben, beschleunigen. Der Vorteil liegt darin, man spart enorm viel Treibstoffkosten, oder anders gesagt, man lässt erst gar keine entstehen. Wir erzeugen Strom, um selbigen kilometerweit zu transportieren, was so viel bedeutet, dass wir nicht in der Lage sind, in jedem Ort auf dieser Erde nur so viel Strom zu verbrauchen, wie es nötig ist, um selbst kleinste Einheiten herzustellen. Dort, wo Sonnenenergie hergestellt wird, stellen wir Propeller auf, um selbigen vor Ort wieder sinnlos zu verbrauchen. Die Industrie verbraucht Atomstrom zum Nulltarif, selbige verseucht die Gewässer, aus denen wir Trinkwasser gewinnen. Man hat den Eindruck, als wäre man im Irrenhaus, nicht aber in einer Gesellschaft, die aus der Vergangenheit etwas gelernt hat.

Wie sind Sie darauf gekommen, dass ein Schwarzes Loch eine Tür zu einem anderen Kosmos ist, oder was meinen sie damit?

Vergleichen Sie einmal den Kosmos mit den Gegebenheiten der Erde, dann werden Sie feststellen, es gibt im Wasser Strudel, die nicht aus dem Nichts entstehen, sondern immer einen Hintergrund haben. Da ist eine Strömung, die durch die Drehung der Erde verursacht wird, oder es liegen Felsen im Strömungsbereich, was so viel bedeutet wie: Nur dort, wo ein Hindernis vorhanden ist, kann ein Strudel entstehen, wie sollte demnach ein Sog entstehen, wenn keine Ursache vorhanden ist! Ein USO, welches in der Höhe von Reykjavik immer an einer Stelle steht und nur wenig Veränderung vom Standort vornimmt, trägt entscheidend zum Wetter in Europa und Asien bei. Beachten Sie einmal den Wetterbericht, wenn kleine Pfeile die Windrichtung anzeigen; denn nach einer gewissen Zeit bewegt sich das gleiche Objekt in die Höhe von Paris und dann haben die Spanier und Marokkaner plötzlich Regenwetter, was ja an sich nicht sein kann, denn die Erde dreht sich immer gleichmäßig, daher ist eine Gradwanderung der Erde um 15 Grad, vom Breitengrad 60 zu 45, an sich nicht möglich. Ist der Wirbel in Höhe von Spanien, haben die Moskauer warmes Wetter und den Deutschen wird es kalt. Sollten Sie nun meinen, es könnte doch sein, dass die Wärmequellen auf Island das Wetter beeinflussen, dazu kann ich nur sagen, die Insel Island „wandert nicht“, auch gibt es bei einem Wetterwechsel kein Erdbeben von Island bis nach Spanien, auch der Golfstrom verändert nicht seine Strömung, damit der Regen sich verteilt. Demnach können nicht Objekte in einem Schwarzem Loch verschwinden, ohne an einer anderen Stelle anzukommen, die offensichtlich außerhalb der Sichtweise unserer Teleobjektive sind, das können mitunter auch tote Winkel sein. Auch ist es unserer Technik nicht möglich, den Rand des Kosmos zu bestimmen, da dieser in einer solchen großen Entfernung liegt, die man nach Lichtjahren misst, zumindest aus Sicht der Erdbevölkerung, obwohl es anderen Bewohnern von entfernteren Galaxien möglich ist, dies zu berechnen und sich am Rande des Kosmos zu bewegen oder auch durch Schwarze Löcher in einen anderen Kosmos zu gelangen, den wir nicht kennen. Stellt ein Schwarzes Loch bei Ihnen aber lediglich das Fehlen eines Teiles einer Galaxie dar, so sehe ich da kein „Loch", weil es sich im Rahmen der Möglichkeiten um einen Austausch von Material handeln kann, der sich unseren Vorstellungen entzieht.

Wie kommen Sie auf die Idee, dass Außerirdische die „Pyramiden" erbaut haben?

Eine einfache Frage kann man genauso einfach beantworten. Wenn Sie Palmen als Beförderungsmittel für 7 Tonnen schwere Steine benutzen wollen, müssen Sie diese Art von Palmen erst züchten. Falls Sie schon mal in Spanien oder Ägypten waren, dort wachsen Unmengen an Palmen; aber niemand benutzt diese Bäume zum Transport schwerer Güter, da die Form für einen Transport völlig ungeeignet ist, Steinblöcke, die 7 Tonnen wiegen, dürften auf solchen Palmen wohl kaum Platz finden, da die „Baumstämme" das Gewicht nicht aushalten und deformiert werden würden, was bedeutet, es wurden keine Baumstämme verwendet. Zeigen Sie mir doch mal den ernst zu nehmenden Wissenschaftler, der Ihnen vorführt, wie man eine Palme schält, einen Baumstamm aus selbiger zaubert, der einen 7-

Tonnen-Stein trägt und sich im Sand noch bewegen lässt. Selbst wenn man auf die Baumstämme zusätzlich noch einen Schlitten draufpacken würde, hätte dies den gleichen Effekt, da der Schlitten schon Kerben in die Baumstämme drücken würde, um dann noch zusätzlich Steine auf den Schlitten zu packen, dies würde für die Baumstämme ein- zusätzliches Gewicht ergeben. Das Wesentliche aber wäre an sich, die benötigten Steine, müssten zumindest an der Unterseite schon im Steinbruch begradigt werden, dann könnte man diese aber nicht gestapelt transportieren. Ob auf Baumstämmen oder Schlitten dann eine ebene Fläche vorhanden sein müsste, um die Steine auf etwas zu befördern, um dann keine „Druckstellen" zu erzeugen. Die Druckstellen aber würden das Rollen der Baumstämme erschweren oder sogar ganz verhindern, was bedeutet, die sieben Tonnen schweren Steine müssten vor Ort aus dem Steinbruch gebrochen werden, auf welche Weise auch immer. Wichtig aber wäre an sich, zuallererst sollte ein Wald von Bäumen entstehen, der nirgendwo erwähnt wird, um überhaupt Baumstämme zu verwenden. Diese Palmen benötigen Süßwasser das ganze Jahr und nicht nur zu einer bestimmten Jahreszeit. Man kann sagen, wenn in der Wissenschaft etwas nicht passt, dann wird es passend gemacht. Ob dies dann so war, ist völlig egal, es muss ein Ergebnis her. Solche Ergebnisse sind für mich keine Forschung.

Woher nehmen Sie die Gewissheit, dass es keinen Urknall gegeben hat?

Eine Theorie braucht Beweise, und wenn Sie keine Beweise haben, was tun Sie dann? Sie stellen Vermutungen an, was bedeutet: Es könnte sein, dass dies, was sie anderen über Ihre Vorstellung mitteilen, deshalb Gehör findet, weil niemand anderes vorhanden ist, der Ihre Behauptung widerlegen kann oder will. Nehmen wir die Ägypter als Beispiel, die errichteten einen Tempel und ließen nur das Dach, für uns sichtbar als Pyramide, über der Erde erscheinen sowie die Küche, in der das Essen für die Personen zubereitet wurde, was wir heutzutage Kantine nennen. Eine wirkliche Funktion will kein Wissenschaftler akzeptieren, deshalb sollte man sich selbst fragen, wozu eine Sphinx, wenn diese keine Aufgabe erfüllt? Abgesehen von all den Vermutungen, die die Wissenschaft verbreitet, gibt es keinen Stein, der immer an der Maserung des Wachstums geschliffen werden kann, da diese Grundsteine, die im Unterbau verwendet wurden, von sechs Seiten bearbeitet wurden. Solche Genauigkeiten bekommt man nur mit einem Laser hin, aber die neue Wissenschaft erfindet dann eine Möglichkeit, die eventuell einmal funktioniert, und das vor laufender Kamera. Es wird aber nicht gezeigt, wie sechs Seiten bearbeitet werden, weil dies nicht funktioniert. Desgleichen ist es mit dem Urknall, wie soll in einem Kosmos der eine Hülle hat, eine Explosion erfolgen, wenn nichts entstanden ist, und woher soll die Energie kommen, die die Hülle geschaffen hat, um anschließend in einer Hülle etwas zu hinterlassen, was einen Urknall erzeugt? Die Erklärungen sind nur Halbheiten, denn es muss zuerst etwas vorhanden sein, was Energie ist. Diese Energie kann nur von Sonnen kommen, da ohne Sonne nichts entstehen kann und alles Leben und Gestein von der Sonne absorbiert wurde. Demnach ist der Kosmos eine für uns unbekannte Form bis zum 21. Jahrhundert. Auch ist uns nicht bekannt, ob es weitere Kosmen gibt, da mit den bisherigen Mitteln, die in der Raumfahrt angewendet werden, keine Ergebnisse zu erwarten sind. Dort wo eine Hülle ist, muss etwas sein, was diese Hülle erschaffen hat, und erst dann stellt sich die Frage: Woher ist das gekommen, was in dieser Hülle noch heute vorhanden ist und weshalb sollte da etwas explodiert sein, wenn es doch eine Art „kosmische Ordnung“ an sich hat? Oder hat jemand der Ordnung nachgeholfen, so wie wir es im Universum beobachten können. Die für uns sichtbaren Sonnen können doch nicht durch luftleeren Raum entstanden sein, um sich dann mit Monden und anderen Planeten zu umgeben! Als der Kosmos noch nicht verschlossen war, haben sich demnach Teile von anderen Sonnen gelöst, die all das Magma um sich herum anzogen und in Kreis- sowie Ellipsenbahnen schickten, wodurch Galaxien entstanden. Nun haben aber andere Völker eine nicht ganz so langsame Auffassungsgabe wie unsere Erdbewohner und die stellen bei Bedarf auch mal eine Sonne her, wenn nötig, damit das kosmische Gleichgewicht bewahrt bleibt. Wenn Sie sich die Sterne in der Milchstraße mal etwas genauer ansehen, werden Sie mir dies bestätigen ... da ist es ja so hell! Der Logik folgend würde ich sagen, hinter der Milchstraße müssen sich mehr als zwei Sonnen befinden, die so angeordnet sind, dass diese sich immer hinter einigen Planeten befinden und daher nur als heller Schein sichtbar sind.

Weshalb lassen die „Gottheiten" einen Tempel/eine Wohnung unter der Erde errichten?

Die Antwort ist ziemlich einfach, Intelligenz entsteht nicht dadurch, dass ein Affe vom Baum fällt und Gehversuche unternimmt, sondern indem man dem Affen etwas beibringt, wie im Zirkus. Denn es wäre unsinnig, durch den Urwald zu laufen, wenn man schneller vorankommt, indem man von Ast zu Ast springt, aus der Sicht des Tieres. Demnach muss etwas vorhanden sein, was einem Baby beibringt zu laufen, zu sprechen und Kultur aufzubauen. Woher aber sollte die Fähigkeit herkommen, etwas zu berechnen und aufzubauen, hierfür benötigt man einen Lehrer oder eine Lehrerin. Diese Person muss nicht sichtbar vorhanden sein; aber die Möglichkeit haben, „gedanklich Kontakt" zu jemanden zu haben, der nicht der Meinung ist, es wäre seine „Idee" gewesen. Demnach wäre dann der Affe das Wesen, was von sich behaupten würde, es hätte die Idee, jetzt laufen zu lernen oder Pyramiden zu bauen ...! Denn einfach nur Steine aufeinander zu stapeln ergibt keine Pyramide und noch weniger einen Tempel und ein Stonehenge schon gar nicht. Bekannt ist uns, dass die Ägypter die Sonne verehrten oder, besser gesagt, sich nach ihr richteten, genau wie die Griechen. Demnach hat die Sonne etwas an sich, was von entscheidender Wichtigkeit beim Tempelbau war. Man findet seltsamerweise keine Türen innerhalb des Tempels, lediglich die Sphinx hatte eine Tür, an der Vorderseite, zwischen den Armen. Ersichtlich ist auch, dass unterhalb der Spitze der Cheopspyramide, etwas abgerutscht ist, ein Zeichen eines „Erdbebens", wobei die Verkleidung der Pyramide zu Bruch ging. Diese Verkleidung bestand aus Beton, Mörtel, Putz ... wie das ...?

Es waren keine Neandertaler, die dort tätig waren, und noch weniger, nur Menschen, denn die sollten auch schon vor der Sintflut, diese Intelligenz an sich auch ausgeübt haben. Dies widerspricht aber den bisherigen Forschungsergebnissen, da nur die Mayas, Inkas und Azteken einen Kalender überlieferten, der 3100 vor Chr. begann.

Quellennachweis

Seite 63: BBC- TV, Dokumentationen (Text Beschreibungswiedergabe)

Seite 149, 206 und 245: Ägyptische Postkarten / Lehnert & Landrock.
Mit freundlicher Genehmigung von Dr. Lambelet für Lehnert & Landrock